第 126 辑（2023年第4辑）Vol.126（2023, No.4）

主　办：北京仲裁委员会／北京国际仲裁中心
协　办：中国国际私法学会

编委会

主　任：王利明

编　员：William Blair　陈　洁　黄　进
　　　　Michael Hwang　姜丽丽　李曙光
　　　　Loukas Mistelis　Michael J. Moser
　　　　师　虹　宋连斌　Thomas Stipanowich
　　　　陶景洲　王贵国　易继明　郑若骅

编辑部

主　编：陈福勇
副主编：张皓亮
编　辑：林晨曦　沈韵秋　赵菡清　徐　畅

中国法制出版社
CHINA LEGAL PUBLISHING HOUSE

本书所刊载的文章只代表作者个人观点，不必然反映本书编辑部或其他机构、个人的观点，谨此声明！

目录

特载

001　2022年商事仲裁中文文献综述
　　　　　　　　　　　　／木新涛　尉明洋　林凯淇　贺万忠

026　2022年关于中国仲裁和争议解决的英文文献综述
　　　　　　　　　　　　／张　舒　李　珈　杨越毅

专论

058　商事仲裁程序"异议权放弃"规则的应用及审视
　　——以我国司法监督仲裁实践为视角／陈　聪　刘文鹏

072　资管产品原状分配的常见问题和解决路径
　　　　　　　　　　　　／张国明　靖　杭　黄承扬

084　紧急仲裁员程序在中国：实践与反思／尹　通

Contents

Special Report

001 Summary of Chinese Literature on the Study of Commercial Arbitration in 2022
/Mu Xintao　Wei Mingyang　Lin Kaiqi　He Wanzhong

026 Summary of English Literature on the Study of Arbitration and Dispute Resolution in China in 2022　　　　　　　　/Zhang Shu　Li Jia　Yang Yueyi

Monograph

058 Application and Review of the "Waiver of Right to Object" Rule in Commercial Arbitration Proceedings
——From the Perspective of People's Courts' Judicial Review Practice
/Chen Cong　Liu Wenpeng

072 Common Problems and Solutions to the Original State Allocation of Asset Management Products　　　/Zhang Guoming　Jing Hang　Huang Chengyang

084 Emergency Arbitrator Procedure in China: Practices and Reflections
/Yin Tong

2022 年商事仲裁中文文献综述

木新涛　尉明洋　林凯淇　贺万忠*

- 摘　要

　　本综述通过对 2022 年收录于主要中文数据库、国家图书馆以及期刊中的商事仲裁中文类研究文献的检索与整理，较客观全面地展现了 2022 年商事仲裁中文类研究状况。相较于 2021 年研究文献，2022 年商事仲裁中文类期刊论文数量下降明显，但著作数量增幅较大，发表于法学核心期刊的论文数量和占比上升显著。同时，对国际投资仲裁的关注在本年度文献中依旧居首位，而仲裁法修改、仲裁行业改革与发展、仲裁的司法审查等事项仍是 2022 年度仲裁研究热点。研究文献所涉主题多样而新颖且又不失当下的现实性，彰显其理论意义与实践价值。

- 关键词

　　商事仲裁　研究现状　中文类文献　年度综述

　　Abstract: By searching and organising the Chinese research literature on commercial arbitration in major Chinese databases, the

---

* 木新涛，外交学院国际法学硕士研究生；尉明洋，外交学院国际法学硕士研究生；林凯淇，外交学院国际法学硕士研究生；贺万忠，外交学院国际法系教授。

National Library and journals in 2022, this review presents a more objective and comprehensive picture of the state of Chinese-language research on commercial arbitration in 2022. Compared with the research literature in 2021, the number of Chinese-language journal articles on commercial arbitration declined significantly in 2022, but the number of books increased more, and the number and percentage of papers published in core legal journals increased significantly. Meanwhile, the concern for international investment arbitration still ranked first, while the revision of Arbitration Law, reform and development of arbitration industry, and judicial review of arbitration are still the hotspots of arbitration research in 2022. The diverse and novel content of the 2022 research literature without losing the current reality highlights its theoretical significance and practical value.

Key Words: commercial arbitration, research status, Chinese-language literature, annual review

一、2022年商事仲裁中文类研究文献来源

据不完全统计，2022年商事仲裁中文期刊论文共119篇，著作19部。上述研究文献主要源自中国知网（CNKI）、北大法宝等主要中文数据库、期刊以及国家图书馆。笔者在上述平台上以"仲裁""商事仲裁"为主题词进行检索，并挑选其中以商事仲裁为研究对象的中文研究文献进行综述。

二、著作类研究文献

（一）著作类研究文献的基本数据

2022年著作类研究文献共19部，[1] 包括仲裁年度综合报告4部，一般性研究著作6部，专题研究类著作6部，具体事项研究类著作3部。

---

[1] 2021年度著作类研究文献共15部。

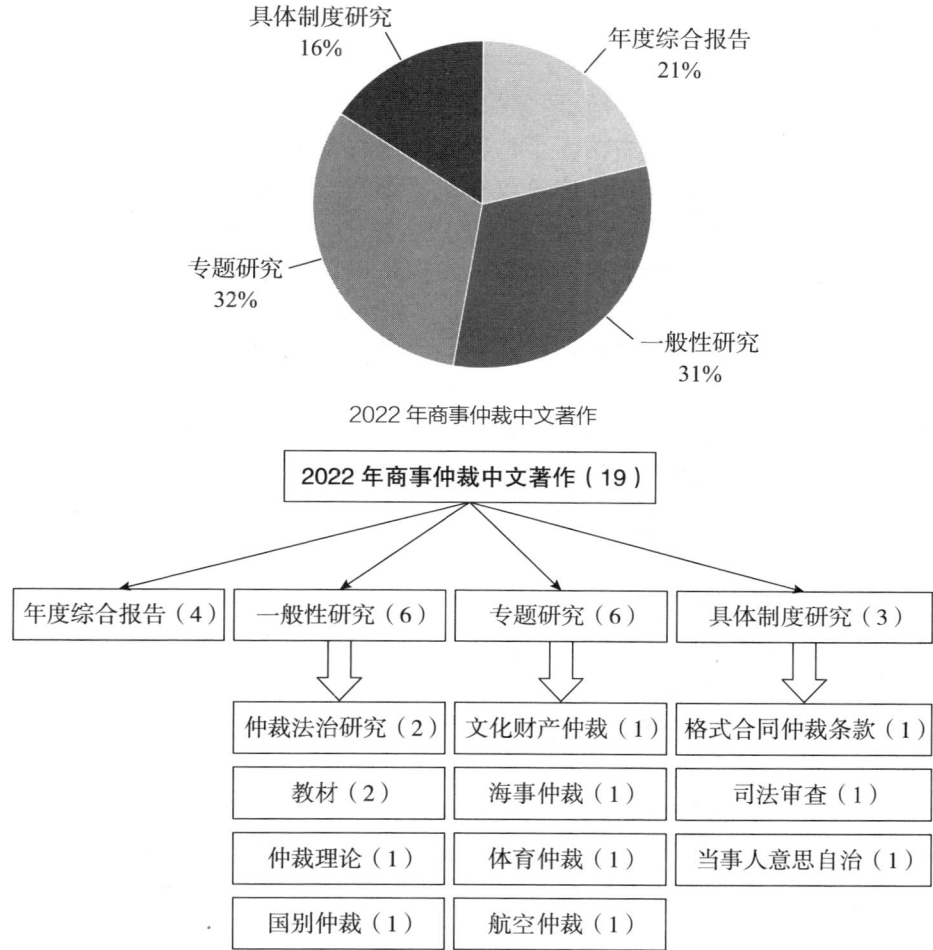

2022年商事仲裁中文著作

（二）著作类研究文献基本内容

1. 年度综合报告。本年度仲裁综合报告包括《中国商事争议解决年度观察（2022）》[①]、《中国国际投资仲裁常设论坛年度报告（2020—2021）》[②]、

[①] 北京仲裁委员会/北京国际仲裁中心编著：《中国商事争议解决年度观察（2022）》，中国法制出版社2022年版。

[②] 漆彤、张昕主编：《中国国际投资仲裁常设论坛年度报告（2020—2021）》，法律出版社2022年版。

《中国国际商事仲裁年度报告（2021—2022）》[①]、《中国企业"走出去"仲裁调研报告（2022）》[②]。

其中北京仲裁委员会/北京国际仲裁中心发布的《中国商事争议解决年度观察（2022）》，甄选了《中国商事仲裁年度观察（2022）》《中国商事调解年度观察（2022）》《中国建设工程争议解决年度观察（2022）》《中国房地产争议解决年度观察（2022）》等主题，聚焦商事仲裁、商事调解、建设工程、房地产、能源、投资、国际贸易、金融、知识产权、影视娱乐、民用航空及体育十二大领域的热点议题，系统梳理2021年以来商事争议解决的典型案例、创新安排与发展脉络，进而研判未来趋势与规划具体路径。

而《中国国际商事仲裁年度报告（2021—2022）》结合国际主流的仲裁立法和仲裁规则，对仲裁庭组成方式的规则、制度和一般实践展开研究，并为寻求最佳组庭方式提出针对性建议。对贸仲关于私募基金纠纷的近40个典型裁决进行梳理，总结此类争议裁决的责任划分现状及考量标准，分析裁判原则。聚焦股权转让合同解除及违约责任问题。对国际仲裁中国家放弃豁免条款的效力进行了特别研究和观察，着重讨论主权国家在国际仲裁中签订的放弃豁免条款的效力问题以及相关法律责任。

《中国国际投资仲裁常设论坛年度报告（2020—2021）》涵盖ISDS的上诉机制、一裁终局、透明度、投资者义务争议、仲裁员行为守则与USMCA投资争端解决机制等问题的研究成果以及相关典型案例。此外，《中国企业"走出去"仲裁调研报告（2022）》分为问卷数据篇与实践观察篇两部分。报告显示，从纠纷类型来看，货物买卖合同纠纷和建设工程合同纠纷位居前列。而多达86%的受访企业表示会在"走出去"过程中选择仲裁作为争议解决方式。

2. 一般性研究类著作。其中《北京"两区"建设下境外仲裁机构准入的法治保障研究》[③]以北京"两区"建设放开境外机构准入的政策创新为视角，

[①] 中国国际经济贸易仲裁委员会主编：《中国国际商事仲裁年度报告（2021—2022）》，法律出版社2022年版。

[②] 中国国际经济贸易仲裁委员会编：《中国企业"走出去"仲裁调研报告（2022）》，法律出版社2022年版。

[③] 张建：《北京"两区"建设下境外仲裁机构准入的法治保障研究》，首都经济贸易大学出版社2022年版。

探讨境外仲裁机构在我国仲裁的理论基础、制度架构、实践展望，并通过相关司法审查典型案件的分析梳理，对我国《仲裁法》的修订及其司法解释的起草提出了相应的思路建议。而《中国仲裁法治现代化研究》①主张在探索中国仲裁法治现代化的过程中，既要汲取国际规则中的合理元素，又要结合我国国情、紧密围绕我国的现实法治环境进行制度设计。

《"一带一路"沿线国家国际仲裁制度研究（7）》②分别就多个国家的仲裁法律制度历史沿革、现行仲裁法律规定、该国主要仲裁机构及仲裁规则、仲裁制度特点等开展研究。同时，针对中国当事人如何参与相关国家仲裁活动、需要注意的主要问题等提出对策与建议。

《仲裁法学》③、《商事仲裁法学》④及《国内外仲裁理论与适用概要》⑤，则通过对仲裁法基础理论和国内外重要仲裁立法及仲裁规则的介绍和阐释，以及对仲裁实践、司法实践的梳理和典型案例的分析，展现当下商事仲裁的法学理论和实践。

3. 专题研究类著作。本年度关于具体领域仲裁问题的著作颇丰，包括文化财产争议仲裁⑥、海事仲裁⑦、体育仲裁⑧、航空仲裁⑨、国际投资仲裁⑩等。

其中《文化财产争议国际仲裁法律问题研究》认为，以仲裁解决文化财产争议，具有低成本、高效率、保密性以及灵活性等优势。并基于文化财产

---

① 张建：《中国仲裁法治现代化研究》，中国政法大学出版社2022年版。
② 中国国际经济贸易仲裁委员会编：《"一带一路"沿线国家国际仲裁制度研究（7）》，法律出版社2022年版。
③ 王瑛主编：《仲裁法学》，知识产权出版社2022年版。
④ 谢石松主编：《商事仲裁法学》，高等教育出版社2022年版。
⑤ 朱志国主编：《国内外仲裁理论与适用概要》，哈尔滨工业大学出版社2022年版。
⑥ 李伟：《文化财产争议国际仲裁法律问题研究》，中国社会科学出版社2022年版。
⑦ 李虎主编：《中国海事商事仲裁评论（2021）》，北京大学出版社2022年版。
⑧ 董金鑫：《国际体育仲裁中的法律冲突问题研究：以职业足球劳动合同争议为重心》，中国社会科学出版社2022年版。
⑨ 贺大伟：《我国独立航空仲裁法律制度研究：以航空仲裁适用性为视角》，中国政法大学出版社2022年版。
⑩ 汤霞：《第三方资助国际投资仲裁法律问题研究》，法律出版社2022年版；中国国际贸易促进委员会法律事务部、武汉大学国际法研究所主编：《国际投资仲裁指引（第一卷）》，法律出版社2022年版。

争议仲裁的主体复杂性、文化财产的多重属性及仲裁规则的碎片化，剖析文化财产争议在管辖权确定、仲裁主体适格、程序性规则、实体法适用以及仲裁裁决的承认与执行等事项处理上的特征，进而针对中国流失海外文化财产的现状，提出应当构建相应的仲裁机制。

《国际体育仲裁中的法律冲突问题研究：以职业足球劳动合同争议为重心》以国际体育仲裁在解决竞技体育争议过程中面临的特殊法律冲突为主要研究对象，围绕法律冲突现象的普遍性与竞技体育纠纷的特殊性，在理论层面揭示国际体育仲裁的管辖权、实体法律适用以及裁决的承认和执行等方面存在的多层次、多领域的复杂法律冲突，重点阐述一国普遍适用的国家法与高度统一的属人性体育自治规则之间的逻辑关系，明确全球体育自治法的生成机制与治理模式，以此为跨国体育法学的理论研究提供契机。

《第三方资助国际投资仲裁法律问题研究》指出，投资仲裁需求的推动和国际仲裁市场的竞争压力使得我国对第三方资助有一定需求。而中国香港地区和新加坡关于第三方资助的立法实践、国内软法的先行推进、"法无禁止即可为"原则的赋权以及完善的执行制度等为我国积极利用第三方资助提供了依据。而我国政府就投资人与国家间争端解决机制改革所提意见中对第三方资助的首次表态，也间接表明只要规制得当，第三方资助在我国的合法性被认可是完全可能的。

4.具体事项研究类著作。该等著作涉及格式合同中仲裁条款的效力[1]、国际投资条约仲裁司法审查[2]、当事人意思自治保障与限制[3]等事项及相应法律规则的适用。

其中《国际商事仲裁当事人意思自治保障与限制问题研究》指出，意思自治是国际商事仲裁的基础，强化对当事人意思自治的保障是现代国际商事仲裁的主流声音，但过于强调保障国际商事仲裁意思自治是缺乏辩证的片面表现。国际商事仲裁意思自治要融洽整合于中国法治现在的发展阶段与现有的制度空间。而《国际投资条约仲裁司法审查制度研究》则以国际投资条约仲裁条款的司法审查、裁决撤销的司法审查、裁决承认与执行的司法审查三

---

[1] 钟皓珺：《格式合同中的仲裁条款研究》，厦门大学出版社2022年版。
[2] 魏彬彬：《国际投资条约仲裁司法审查制度研究》，天津人民出版社2022年版。
[3] 李贤森：《国际商事仲裁当事人意思自治保障与限制问题研究》，法律出版社2022年版。

个方面为着手点，梳理国际投资条约仲裁司法审查制度的具体内容，结合其他国家仲裁司法审查制度和实践经验，就我国仲裁司法审查制度的完善，在国际条约和国内制度两个层面提出建议。

三、论文类研究文献

（一）论文类研究文献的基本数据及所涉主题分布

本年度119篇论文类研究文献，在数量上较往年下降明显，[①] 但来源于北大核心、CSSCI（含扩展版）收录期刊论文为60篇，非核心期刊论文为59篇。

利用CiteSpace分析软件对上述论文的关键词进行分析，得到仲裁研究的关键词共现图谱，其中关键词的中心性和被引次数越高，表明其所对应的研究方向越重要。通过图谱（详见下图）可以发现，投资仲裁、司法审查等皆为2022年仲裁研究所关注的热点。

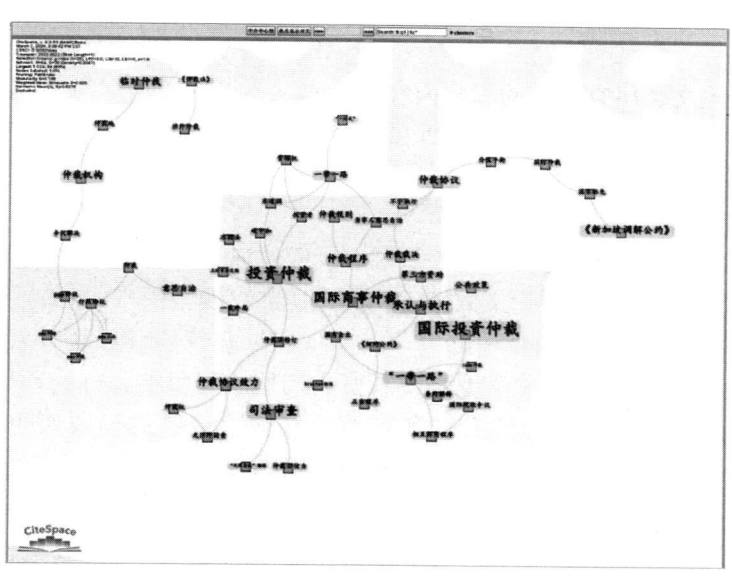

结合关键词族群分析（详见下图）可以观察到上述论文研究所集中的核心议题领域以及彼此之间存在的相互关系。

---

① 2021年度论文共206篇，其中发表于CSSCI来源期刊论文共3篇，非核心期刊论文共203篇。

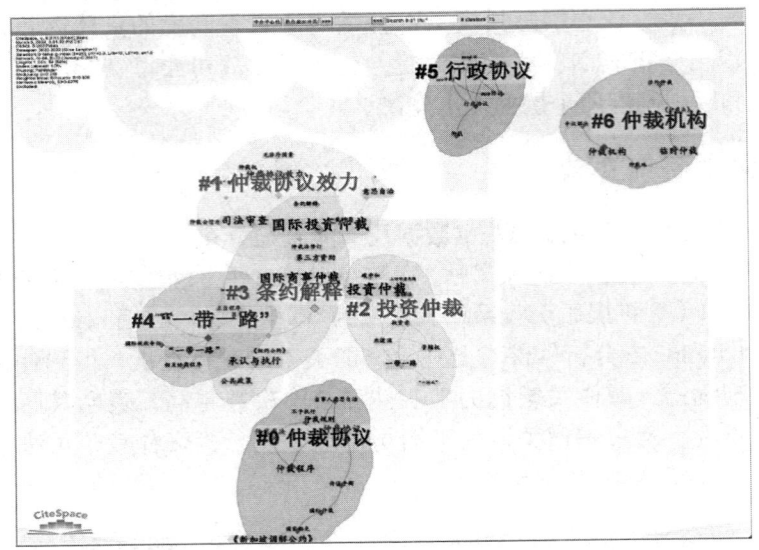

（二）论文类研究文献的基本内容

根据上述分析结果与笔者分析总结，共归纳出二十二个具体的仲裁研究主题，以下选而叙述之。

1. 投资仲裁

作为特殊领域仲裁研究的核心议题，投资仲裁是历年研究关注的重点。在本年度，涉及投资仲裁的论文数量占比高，所涉议题范围广。

（1）投资仲裁与"一带一路"。"一带一路"倡议所涉投资仲裁一直是多方关注的重点。对于 RCEP 背景下的投资者与国家间争端，有论者基于 RCEP 中争端解决机制暂时搁置的安排和其他争端解决机制的局限而主张中国与其他 RCEP 缔约方应积极探索构建一个有机融合争端预防、磋商、调解、仲裁和（或）诉讼等多种方式的投资者与国家间争端解决机制。[①] 有论者认为 RCEP 的生效与实施为"一带一路"倡议下国际投资争端解决机制的改革提供了契机。我国"一带一路"倡议框架下投资者与国家争端解决机制的革

---

① 王彦志：《RCEP 背景下中国—东盟投资争端解决机制》，载《政法论丛》2022 年第 6 期，第 86—96 页；赵玉意、董子晖：《RCEP 投资争端解决机制的选项及中国的政策选择》，载《国际贸易》2022 年第 8 期，第 79—88 页。

新可从完善国际投资协定的实体条款规范着手，在双边协定、区域协定基础上实现。①

（2）投资仲裁与国有企业仲裁资格认定。国有企业是否有资格成为 ICSID 适格仲裁申请人，一直以来都是一个颇具争议的话题。有论者基于 ICSID 仲裁实践确立的标准所存有的缺陷而主张应结合当前国际国内实践确立的"行为性质＋目的"判断标准，对国有企业是否"行使基本政府职能"予以判断。而国有企业是否"充当政府代理人"，关键在于相关国有企业是否实际上按照国家的指示或者是在国家的指挥或控制之下行事。②

（3）投资仲裁与腐败。投资中腐败行为的指控不仅影响国际投资仲裁庭管辖权的确立，而且对案件的实体审理造成显性或隐性影响。有论者指出，现有仲裁实践存在四个方面的不足：对腐败的认定重事实、轻法律；关于腐败认定的证明标准不统一；腐败是否影响投资合法性的认定不一致；对责任的认定重投资者、轻东道国。对于赴"一带一路"沿线国家投资的中国投资者而言，如果面临索贿，可提请投资仲裁；如果面临东道国可能提出的腐败指控，可从多方面提出诉求和反驳。而中国在与沿线国家共同构造的国际投资法律秩序中应注重纠正在腐败问题处理上的利益失衡，在更为公平的基础上有效打击腐败。③

（4）投资仲裁与仲裁员行为准则。随着国际投资仲裁从国际商事仲裁体系中逐渐剥离，有论者指出，国际投资仲裁与国际商事仲裁在程序和实体上的区别对投资仲裁员的行为规范提出更为明确、具体、严格和自成体系的要求，更符合投资者和东道国对国际投资仲裁机制的期待。制定统一的投资仲裁员行为准则能够弥补投资仲裁道德领域国际立法的缺失，从而更加系统地对投资仲裁员进行规范和约束，有效弥补当前投资仲裁领域的制度缺陷，推

---

① 莫建建、高建勋：《"一带一路"投资者与国家争端解决机制的革新》，载《国际商务研究》2022 第 4 期，第 63—73 页。

② 伍穗龙：《国有企业在 ICSID 管辖权中的仲裁资格》，载《中南民族大学学报（人文社会科学版）》2022 年第 5 期，第 107—115 页、第 185 页；章成、杨嘉琪：《"一带一路"视角下的国有企业 ICSID 仲裁申请人资格研究》，载《西北民族大学学报（哲学社会科学版）》2022 年第 5 期，第 76—89 页。

③ 宋俊荣：《论腐败指控对国际投资仲裁的影响——基于"一带一路"沿线国家案例研究》，载《国际法研究》2022 年第 3 期，第 110—128 页；银红武：《国际投资仲裁反腐实践中的文化挑战及其法治因应》，载《湖南师范大学社会科学学报》2022 年第 3 期，第 57—67 页。

（5）投资仲裁与经济制裁。近年来，涉经济制裁的国际投资仲裁案件数量急剧上升，引发诸多法律疑难问题。仲裁庭可能因投资违反联合国制裁而拒绝管辖和受理争端，裁决亦可能因制裁而无法顺利执行。有论者为此主张，在投资保护与经济制裁的价值冲突和效力等级方面，联合国制裁属于国际公共政策，其效力高于投资条约义务，而单边制裁则不然。涉经济制裁投资仲裁案件的不断积累，将有助于澄清国际投资法体系和经济制裁体系之间的模糊关系。在国际立法缺位的当下，投资仲裁可作为约束或制衡经济制裁的有效武器之一。[2]

（6）投资仲裁与第三方资助。第三方资助在国际投资仲裁领域的适用为有资金需求的投资者提供了接近正义的机会，但现有规范对披露第三方资助的重视不足、资助协议中保密条款的约束和实践中仲裁员的身份混同现象，可能导致资助者和仲裁员的利益冲突、增加滥诉风险以及阻碍投资争议的有效解决。为了维护投资者与东道国之间的利益平衡，有必要明确申请人的强制披露义务、赋予仲裁庭通过调整仲裁费用来迫使申请人披露第三方资助的权力以及规范仲裁员的披露和选任。[3]

（7）投资仲裁与股东间接损失申诉。当下，投资者——国家争端解决体系改革的重点聚焦于投资仲裁限制国家管制权的"公法"影响，较少关注投资者——国家仲裁限制国家制定国内私法制度的"私法"影响。"私法"影响的表现之一为，允许股东利用投资仲裁提起"间接损失"申诉。这种模式背离了国内私法和国际公法层面确立的不允许股东救济间接损失的原则，扭曲甚至取代了"国内公司法"的制度安排。而通过强调国家回归、仲裁庭需要发

---

[1] 刘婧婉：《投资仲裁员行为准则探析》，载《国际商务研究》2022年第6期，第63—71页。

[2] 范晓宇、漆彤：《经济制裁对国际投资仲裁的影响——基于ISDS实践的分析》，载《国际法研究》2022年第5期，第69—86页。

[3] 汤霞：《国际投资仲裁中第三方资助披露规则缺失的困境与破解》，载《河南大学学报（社会科学版）》2022年第5期，第53—58页、第153页；《接近正义：第三方资助国际投资仲裁的风险规制》，载《华南师范大学学报（社会科学版）》2022年第2期，第34—45页、第207页；陈雅峥、冯硕：《国际商事仲裁中第三方资助行为的规制——以受资方信息披露义务为视角》，载《商事仲裁与调解》2022年第5期，第59—74页。

挥能动性及通过股东—公司间的私人安排，可以缓解这种"私法"影响。①

（8）投资仲裁与公共政策。违反公共政策是法院撤销投资仲裁裁决的主要理由之一。然而，东道国法院可能以裁决中的损害赔偿存在严重的法律适用错误构成对东道国公共政策的违反为由，撤销整个仲裁裁决。该做法挑战了公共政策的适用标准，其合法性存疑。为此，有论者建议建立有条件的投资仲裁上诉机制，将公法审查标准引入国际投资仲裁机制并推进使用国际投资协定中的多元救济方式。②

（9）投资仲裁与碳排放。世界气候变化使各国减少碳排放的责任不断加重。有论者指出，一些国家实施高碳产业禁令和可再生能源激励的碳排放政策，对部分外国投资者经济利益造成减损，违反了其缔结的国际投资协定规定的外资待遇，引发大量投资争端。东道国则可能面临对投资者的巨额补偿。对此，我国在兑现"双碳"承诺的进程中，应结合先进的国际实践经验，及时完善已缔结的国际投资协定，在其中系统性纳入在碳排放等领域的国家规制权条款及投资者义务条款。同时还需加强碳排放政策的合规性，制定灵活的产业激励或退出政策，以避免引发投资仲裁的风险。③

（10）投资仲裁与投资者责任。有论者主张，在国际投资仲裁中，投资者责任被动地以投资者对东道国的请求为前提，并表现为东道国责任减免的消极形式。这促成过错理论和理性投资者标准。针对现有投资者责任的仲裁实践所存在的诸多问题，其一，需要由仲裁庭澄清或在国际投资条约中界定基本概念和因果关系要件；其二，在相关条约中纳入理性投资者标准的具体化要求以应对投资者行为标准过于原则化问题；其三，就投资者责任认定结果的不确定性，需要国际投资条约提供裁量指引，建立与投资者不当行为严重性相匹配的结构化责任，并根据缔约方的规范需要对特定类型的投资者过错采用

---

① 朱明新：《国际投资仲裁中的股东间接申诉：表现、成因、影响及规制》，载《清华法学》2022年第4期，第188—207页。

② 程华儿：《国际投资仲裁裁决撤销机制中公共政策不当适用的应对及启示》，载《江西社会科学》2022年第8期，第150—157页；龚柏华：《涉华投资者—东道国仲裁案法律要点及应对》，载《上海对外经贸大学学报》2022年第2期，第79—92页。

③ 刘禹、孔庆江：《碳排放政策的投资仲裁风险与因应》，载《太平洋学报》2022年第4期，第44—56页；刘禹、莫漫漫、程玉：《投资仲裁下碳中和政策的争端风险与应对》，载《中国人口资源与环境》2022年第7期，第104—113页。

相对固定的责任分摊比例。①

（11）投资仲裁与条约解释。ISDS 机制"不一致"现象是 ISDS 长期面临的问题。仲裁庭不同结论的得出在相当大的程度上是不同解释方法或解释工具所导致的。就国际投资条约的常见条款而言，"不一致"的重点领域都面临解释方法和工具上的分歧。对于处在改革过程中的 ISDS 机制，条约解释能够串联起各项改革议题，充当程序规则与实体规则之间的桥梁，对此需予以高度关注，并结合改革的政策目标进行价值权衡与路径细化，才能实质性地提升改革的成效。②

（12）投资仲裁与安全例外。ISDS 仲裁机制下安全例外条款的管辖呈现在矛盾之中。仲裁庭在内部驱动及外部条件加持下通过对 IIA 相应条款的解释扩张管辖边界，极易将安全例外纳入其中，而本身又尽量避免与之正面交锋。为明确 ISDS 机制下安全例外条款的管辖问题，缔约方可以选择在 IIA 中明确表达态度，仲裁庭也应当在裁决中给出更充分的解释和更有信服力的说明。③

（13）投资仲裁与集体诉请。集体诉请在国际仲裁中存在法律依据缺失的困境。集体诉请适用困境之破解需以投资者与东道国的权益再平衡为价值导向，明确集体诉请的适用前提为东道国明示或默示同意，以及提高既有 ICSID 框架下集体诉请程序的可操作性。我国应当基于在投资争端中的具体角色定位，结合集体诉请的价值考量以更好地在国际投资仲裁中应对或利用集体诉请。④

（14）投资仲裁与争端预防。为应对日益增加的中国政府被外国投资者诉诸投资仲裁的风险，有论者认为，进一步优化本国的投资争端预防机制，是应对上述风险的最佳方式。因此通过有选择地借鉴域外投资争端预防机制

---

① 黄丽萍：《国际投资仲裁中的投资者责任：促成过错与理性投资者标准》，载《环球法律评论》2022 年第 3 期，第 179—192 页。

② 黄钰：《从裁决到解释：ISDS 机制"不一致"现象的问题转向——基于典型案例的考察》，载《北京仲裁》2022 年第 3 期，第 134—157 页；黄钰：《国际投资仲裁条约解释：价值权衡与规则构建》，载《商事仲裁与调解》2022 年第 6 期，第 49—69 页；王亚萍：《双边投资协定中"涉及征收补偿款"仲裁条款解释分歧的纾解》，载《商事仲裁与调解》2022 年第 6 期，第 106—118 页。

③ 李雪娇：《ISDS 仲裁机制下安全例外条款管辖问题研究——以仲裁庭管辖权能扩张为背景》，载《北京仲裁》2022 年第 3 期，第 119—133 页。

④ 郝珈锐：《国际投资仲裁中的集体诉请：困境、根源与展望》，载《商事仲裁与调解》2022 年第 4 期，第 72—89 页。

的有益经验，中国应设立协调与解决外国投资者诉求的专门委员会、增进地方政府对投资条约义务的认知度、提高国内投资政策与法律的透明度、确定并监控敏感或重大的外国投资领域，以及积极使用行政复议与外资企业投诉机制。[1]

（15）投资仲裁与改革方案。投资条约仲裁制度有利于投资者保护，但其也存在易于导致东道国与投资者权益保护失衡等问题。中国应从实体规则和程序规则两个方面对投资条约仲裁制度进行改革，采取包括维护东道国的管理权、缩减仲裁庭自由解释条约的空间以及加强缔约国对条约解释的控制权等措施。鉴于欧盟倡导的投资法院制度能纠正投资条约仲裁制度的某些重要缺陷，中国可考虑在与欧盟的双边投资协定谈判中探索接受并改进这一制度的可能性。[2]

除了上述主题之外，有关投资仲裁的相应研究还涉及投资仲裁中电子证据的出示问题[3]和证据勘验问题[4]，仲裁庭裁判时的"法官知法"问题[5]、准据法适用问题[6]、裁决修改问题[7]及上诉审查问题[8]，投资争议的可仲裁性问题、"一裁终局"与承认与执行问题[9]等。

2. 仲裁法修订

就《中华人民共和国仲裁法》的修订建言献策是本年度的一大亮点。

---

[1] 桑远棵：《论中国投资争端预防机制之优化路径》，载《国际贸易》2022年第3期，第66—73页。

[2] 余劲松：《投资条约仲裁制度改革的中国选择》，载《法商研究》2022年第1期，第59—70页；王丽华、牟春颖：《鼓励中小企业适用投资者—国家争端解决机制的改革与中国因应》，载《上海财经大学学报》2022年第2期，第137—152页。

[3] 崔起凡：《国际投资仲裁中的电子证据出示：挑战及其应对》，载《商事仲裁与调解》2022年第1期，第27—42页。

[4] 崔起凡：《论国际投资仲裁中的现场勘验》，载《商事仲裁与调解》2022年第2期，第25—38页。

[5] 崔起凡：《国际投资仲裁中的"法官知法"》，载《国际经济法学刊》2022年第4期，第80—94页。

[6] 宋阳：《国际投资仲裁准据法的平衡适用论》，载《现代法学》2022年第3期，第194—205页。

[7] 李思敏：《〈ICSID公约〉裁决修改程序中可受理性问题的性质与作用》，载《国际商务研究》2022年第2期，第58—70页。

[8] 欧继伟、陶立峰：《欧盟投资仲裁上诉审查范围提案与中国因应》，载《国际经济法学刊》2022年第3期，第116—125页。

[9] 于湛旻：《论我国仲裁法制兼容"投资仲裁"的重要发展——〈仲裁法（修订）（征求意见稿）〉相关条款探讨》，载《国际经济法学刊》2022年第4期，第141—153页。

有论者认为，国内仲裁与国际商事仲裁在理念和制度上均有较多不同，在一部仲裁法中无法实现融合。故为了更好地适应两种不同的仲裁文化，避免国内和国际商事仲裁的矛盾在统一立法中无所适从，我国可以实行仲裁的二元立法模式，将国内与国际仲裁分别立法。①

而如何在仲裁法中确立诚信原则，有论者主张可从仲裁目的、仲裁进程和仲裁结果三个层次进行构建，即确立仲裁目的上的善意义务，仲裁进程上的程序促进与合作义务以及仲裁结果上的公正裁决义务。当事人违反诚信原则将面临仲裁行为被否定，承担仲裁费用和侵权损害赔偿责任。仲裁员违反诚信原则，将面临纪律责任、民事责任和刑事责任的法律后果。②而鉴于在仲裁监督体系中，部分类型仲裁案件办理程序等方面的仲裁公信力仍有较大提升空间，有论者主张在本次仲裁法修订中，建议从偏重仲裁司法审查转向构建完备的仲裁内外部监督体系，增设经营者对仲裁格式条款的提示义务，完善涉众型仲裁案件的办理机制。③

《仲裁法》是否应该纳入临时仲裁问题，颇受关注。有论者表示《仲裁法》应明确临时仲裁的适用主体、临时仲裁的客体范围、临时仲裁协议的生效条件，以及在当事人选任仲裁员不能时的解决路径。由于临时仲裁裁决无法直接产生执行力，《仲裁法》有必要肯认仲裁裁决确认程序，通过法院审查确认，确保裁决结果及时实现。为避免临时仲裁程序陷入僵局，法院、仲裁机构可以适时介入临时仲裁程序。④

仲裁员公正地、独立地行使仲裁权始终是商事纠纷通过仲裁程序得到有效解决的保障。然有论者基于《仲裁法》中仲裁员披露义务存在立法空白，仲裁的司法审查存在着法律适用不一致、"同案不同判"的现象，而主张《仲裁

---

① 孙巍:《中国仲裁立法的二元模式探讨》，载《中国法律评论》2022年第3期，第193—205页。
② 张润:《仲裁法诚实信用原则的规则化研究》，载《商事仲裁与调解》2022年第1期，第84—96页。
③ 北京市高级人民法院民二庭课题组、刘双玉、吴献雅等:《完善仲裁公信力提升机制若干问题研究——以北京地区仲裁司法审查案件为分析样本》，载《法律适用》2022年第11期，第132—139页。
④ 毋爱斌:《〈仲裁法〉引入临时仲裁制度体系论》，载《社会科学家》2022年第4期，第104—112页；孟伟、黄启蒙:《论仲裁机构对临时仲裁的协助——〈深圳国际仲裁院条例〉第二十五条评述》，载《商事仲裁与调解》2022年第3期，第101—112页；郑重:《涉外仲裁机构约定缺失时的困境纾解：临时仲裁——兼评〈仲裁法（修订）（征求意见稿）〉第35条第4款》，载《商事仲裁与调解》2022年第5期，第44—58页。

法》应明确规定仲裁员的披露义务,在将披露义务法定化的基础上采纳客观披露标准。同时建议加强仲裁员的准入标准,放宽披露标准,结合仲裁机构的监督和干预,降低披露标准对于仲裁程序的公正性所产生的影响。[1]

此外,有论者就仲裁法修改背景下紧急仲裁员法律性质及以及其所作出的临时措施的执行[2]、意思自治的保障与限制[3]、仲裁协议准据法[4]及效力的认定[5]、主合同仲裁条款效力扩张[6]、中间裁决[7],及仲裁司法审查制度的反思[8]等问题建言献策。

3. 仲裁行业改革发展

仲裁行业深化改革与国际仲裁中心建设,是当前中国仲裁发展的"一体双翼"。[9] 而如何建设国际仲裁中心,树立中国仲裁品牌,打造国际一流机构,已经成为仲裁领域研究的重要内容。有论者主张,中国正在从仲裁大国走向仲裁强国,依托"互联网+大数据+人工智能"可以为"强仲裁"提供"智慧仲裁"新思路。为防止风险,可以对有前瞻性的仲裁领域,采取规则先行、试点推进、双智融合、严格红线四个方向发力。[10]

---

[1] 杨赟、金文轩:《〈仲裁法〉修改背景下仲裁员披露义务制度研究——以我国法院撤销仲裁裁决实证研究为视角》,载《北京仲裁》2022年第3期,第97—118页。

[2] 黄志鹏:《论我国紧急仲裁员临时措施之执行》,载《商事仲裁与调解》2022年第1期,第71—83页。

[3] 李贤森:《国际商事仲裁意思自治的保障与限制问题——兼评〈仲裁法〉的修改》,载《法学》2022年第4期,第179—192页。

[4] 聂羽欣:《国际商事仲裁协议准据法的确定——英国法和中国法比较考察》,载《商事仲裁与调解》2022年第3期,第60—77页;郭潇晗:《论国际商事仲裁协议的法律适用》,载《商事仲裁与调解》2022年第6期,第70—80页。

[5] 崔宵焰、嵇钰涵:《国际商事仲裁协议效力之司法认定——兼评〈仲裁法(修订)(征求意见稿)〉第二十一条》,载《商事仲裁与调解》2022年第1期,第43—53页。

[6] 王伟斌、邱冬梅:《主合同仲裁条款扩张适用于从合同问题研究——兼评〈仲裁法(修订)(征求意见稿)〉24条》,载《商事仲裁与调解》2022年第1期,第97—105页。

[7] 苟应鹏:《中间裁决制度的体系展开》,载《商事仲裁与调解》2022年第2期,第97—112页。

[8] 赵孟晓:《〈仲裁法〉修改背景下仲裁司法审查制度的反思——基于88份民事裁定书的实证研究》,载《商事仲裁与调解》2022年第5期,第104—121页。

[9] 姜丽丽:《加快仲裁促进立法引领仲裁事业新一轮发展》,载《法治日报》2021年12月21日。

[10] 姚梦莹:《他山之石:人工智能辅助仲裁借镜智慧法院建设的"未来仲裁"探索》,载《商事仲裁与调解》2022年第6期,第38—48页。

数字经济时代，知识产权纠纷已呈现出线上化新特点，为此有论者指出，现阶段，知识产权纠纷适用互联网仲裁机制仍面临诸多现实难题，使知识产权互联网仲裁机制从可望走向可及的首要要求即应当根据纠纷特点"量体裁衣"设计仲裁程序。仲裁规则是程序适用的逻辑起点和依据，亟须从适用案件范围、仲裁庭组成、程序期限等方面建构优先于一般互联网仲裁规则的专门仲裁规则。[1]

还有论者就海南自由贸易港仲裁问题[2]、CAFTA国际海商事仲裁中心建设[3]、中国（上海）自由贸易试验区临港新片区仲裁地建设[4]、境外仲裁机构在内地的发展问题[5]等事项各抒己见。

4. 当事人能力

非完全行为能力人的仲裁案件呈现喷涌式增长，有论者为此指出，与一般的仲裁案件不同，涉及非完全行为能力人的仲裁案件需要着重关注其仲裁权利能力、仲裁行为能力、法定代理人的代理行为的效力，以及仲裁的基石——仲裁协议的效力问题。一方面，非完全行为能力人具有仲裁权利能力，不过基于合同签订的复杂性，其法定代理人在特殊情况下也可成为案件当事人。另一方面，非完全行为能力人虽具有仲裁权利能力，但其仲裁行为能力存在瑕疵。在案件未出现任何使当事人行为能力存疑的情形时，应当推定当事人具有仲裁行为能力；否则应待法院对当事人行为能力作出认定后，仲裁庭再对仲裁程序作出相应的安排。而若相关生效法律文书表明当事人为非完全行为能力人，则需要进一步判断其成为非完全行为能力人的时间节点，具体分析，

---

[1] 刘俊杉：《从可望走向可及：知识产权互联网仲裁的机制优势、现实阻碍与因应》，载《商事仲裁与调解》2022年第4期，第90—110页。

[2] 王琦、黄恒林：《海南自由贸易港仲裁问题审视及机制创新》，载《海南大学学报（人文社会科学版）》2022第5期，第107—116页；李晓珊：《海南自由贸易港临时仲裁制度的建设研究》，载《河北法学》2022年第1期，第124—143页。

[3] 王威：《CAFTA国际海商事仲裁中心构建的法律问题》，载《社会科学家》2022年第1期，第152—160页。

[4] 杨园硕：《中国仲裁地建设研究——以中国（上海）自由贸易试验区临港新片区为例》，载《华东理工大学学报（社会科学版）》2022年第2期，第120—134页。

[5] 柳正权、牛鹏：《境外仲裁机构内地仲裁的晚近发展、存在问题与展望》，载《南通大学学报（社会科学版）》2022年第3期，第119—127页。

作出恰当的判断。①

5.争议事项的可仲裁性

税收纠纷的可仲裁性及行政协议纠纷的可仲裁性，在本年度为诸多论者深度关注。其中，对于前者，有论者针对在双边税收协定的 MAP 程序中引入强制性仲裁机制的主流观点，主张由于未能突破传统国际税收理念的束缚，BEPS 项目国际税改未能根本克服 MAP 机制的这些内在问题。"一带一路"沿线国家应秉持利益共同体和合作共赢的国际税收新理念，运用开放多元协商共治的新思维，针对现行 MAP 机制的内在缺陷进行实质性的改革重塑，才能有效预防和解决国际税收争议，为企业跨境投资经营提供更大的税收确定性。②亦有论者持相反意见，指出，英国凯恩公司诉印度涉税投资仲裁案体现了通过国际投资仲裁解决国际税收争议的新发展动向。国际投资仲裁相较于传统国际税收争议解决路径具有独特优势，主要体现在投资协定实体条款可作为税收协定适用范围的有力补充，且投资仲裁机制更具中立性和有效性。然而，国际投资仲裁自身也存在一定缺陷。建议我国在投资协定中纳入专门化、精细化的税收条款，完善投资仲裁机制对于国际税收争议的适用，同时加强国际投资仲裁与税收协定争议解决机制的协调。③

行政协议纠纷的可仲裁性问题也是本年度一大研究热点。有论者认为径行将行政协议纠纷排除在仲裁范围之外的做法，不利于行政协议纠纷的及时、高效解决。肇始于德国的"双阶理论"为行政协议纠纷适用仲裁提供了理论依据，仲裁的高效、便捷则为行政协议适用仲裁提供了现实依托。大陆法系的立法与实践经验，亦可提供重要的借鉴。一般而言，只能对行政协议履行阶段的相关民事合意条款约定仲裁。适用仲裁解纷时，应对行政协议争议条款的属性、纠纷发生时点、争议标的情况等予以综合考量，并接受司法监督。④

---

① 邓宇：《我国非完全民事行为能力人仲裁程序问题研究》，载《北京仲裁》2022 年第 2 期，第 158—171 页。

② 廖益新、冯小川：《"一带一路"背景下国际税收争议解决机制的改革创新》，载《厦门大学学报（哲学社会科学版）》2022 年第 5 期，第 16—29 页。

③ 崔晓静、孙奕：《国际投资仲裁：国际税收争议解决的新路径？》，载《华侨大学学报（哲学社会科学版）》2022 年第 4 期，第 80—92 页；郑林、陈延忠《国际税收争议的投资仲裁解决进路及对税收仲裁的启示：英国凯恩公司诉印度案分析》，载《国际经济法学刊》2022 年第 3 期，第 126—140 页。

④ 于鹏：《行政协议纠纷适用仲裁研究》，载《清华法学》2022 年第 5 期，第 55—71 页。

而 PPP 协议纠纷是否可以仲裁面临诸多困境。有论者指出，可以从理论阐释、立法选择和实践定位三个方面予以破解。理论上，应当重新理解 PPP 协议的法律性质与仲裁的关系。立法上，重新理解现行立法对 PPP 协议仲裁的规定。同时通过修改《仲裁法》或在 PPP 相关法律、法规中规定可以适用仲裁的条款，为 PPP 协议仲裁提供明确的法律依据。实践定位上，应当充分发挥和解、调解、诉讼等纠纷解决机制的优势，在竞争中寻找更好的 PPP 纠纷解决机制，让实践检验仲裁机制的效果，寻找 PPP 仲裁的实践定位。[1]

6. 快速仲裁

联合国国际贸易法委员会制定的《快速仲裁规则》为国际仲裁的快速规则提供了示范文本。该规则第 16 条是关于作出裁决期限以及无法按期作出裁决时应如何处理的规定，是整个规则的核心条款，也是最为复杂的条款。快速仲裁的核心是效率，但效率必须与当事人的意思自治、仲裁庭的现实需求、仲裁裁决的可执行性等因素结合考虑。如何兼顾效率、公平和安全价值是制定快速仲裁程序规则过程中的难题。该规则第 16 条对于仲裁期限的规定正是这三种价值博弈和平衡的突出体现，可以供中国仲裁机构修改仲裁规则时参考。[2]

7. 早期驳回程序

早期驳回程序是国际仲裁领域的热门议题。早期驳回程序旨在提升仲裁效率，巩固仲裁相对于诉讼的效率优势。早期驳回程序适用的核心问题包括：申请范围、适用标准，以及同仲裁管辖权异议程序的关系。仲裁早期驳回程序的引入在某种程度上揭示了国际仲裁制度的发展趋势，即国际仲裁制度仍会不断丰富仲裁程序工具，并会不断强化仲裁的效率价值。我国仲裁界应当从理念、操作，乃至制度设计层面认知仲裁早期驳回程序，并对仲裁发展趋势加以研判，以期助力我国仲裁制度的升级与完善。[3]

8. 仲裁请求撤回

针对同一仲裁标的，纠纷当事人均享有积极仲裁实施权与消极仲裁实施

---

[1] 尹少成：《PPP 协议纠纷仲裁救济的困境及其破解》，载《行政法学研究》2022 年第 5 期，第 122—134 页；王乐：《公私法融合视角下的 PPP 协议争议解决》，载《北方法学》2022 年第 1 期，第 104—116 页。

[2] 孙巍：《联合国贸法会〈快速仲裁规则〉第 16 条评注》，载《国际法研究》2022 年第 1 期，第 114—128 页。

[3] 王徽：《国际仲裁早期驳回程序研究》，载《北京仲裁》2022 年第 3 期，第 51—70 页。

权，但一方行使积极仲裁实施权的，另一方只能且必须行使消极仲裁实施权。撤回仲裁请求是申请人处分积极仲裁实施权的自由，但申请人处分其积极仲裁实施权涉嫌损害被申请人合法权益的，被申请人可以无缝衔接地行使相应的积极仲裁实施权，以捍卫其通过本次仲裁程序彻底解决纠纷的利益。被申请人不同意申请人撤回仲裁请求的，仲裁庭应当允许或将其视为被申请人提出了相应的反请求，并由被申请人负责垫付确保仲裁程序继续进行的案件处理费。①

9. 仲裁的司法审查

仲裁司法审查仍为本年度的重要研究议题。其中，对于"协商前置"仲裁条款，有论者指出，"前置程序"是否存在以及是否履行，不影响仲裁协议的性质、效力以及仲裁庭基于仲裁协议获得的特定争议管辖权。②

针对重复仲裁的司法审查，有论者指出，对重复仲裁进行司法审查存在法本质、法价值、法监督、法救济层面的必要性。应当结合事项、主体、例外三个方面对重复仲裁进行实体性司法审查。而为避免审查事由的适用产生歧义，可以在"违反程序"法定事由中明确纳入重复仲裁，或单独规定重复仲裁司法审查事由，由此否定重复仲裁裁决的效力。③

信息技术的发展推动传统仲裁形式的改变，网络仲裁成为重要的仲裁案件审理方式。有论者指出，网络仲裁程序体现了接近"数字正义"理论的特点并可以实现接近"数字正义"，同时也存在违背"数字正义"的潜在风险。因此，网络仲裁程序的司法审查应结合接近"数字正义"的特点及潜在风险进行监管，合理划分仲裁审理模式的准入范围，并在此基础上设定对应的司法审查标准予以监督。同时，司法审查还需要关注该程序所衍生的数据保密及共享问题。④

在国际仲裁领域，越权无效原则被广泛提及。有论者认为，对该原则却

---

① 黄忠顺：《仲裁实施权配置论视阈下的撤回仲裁请求制度研究》，载《政治与法律》2022年第1期，第162—176页。

② 李娜：《仲裁协议"前置程序"之司法审查路径研究》，载《法律适用》2022年第11期，第81—90页。

③ 汪蓓：《重复仲裁的司法审查方式与适用事由》，载《法学》2022年第5期，第132—145页。

④ 汪超、陈雪儿：《网络仲裁程序的司法审查检视——以接近"数字正义"为视角》，载《中国应用法学》2022年第1期，第151—166页。

多有误解。由于商事仲裁解决私法争端,越权裁决须经有权法院审查决定是否予以撤销。投资仲裁处理公法性争端,以拓展当事方异议空间,强化裁决审查机制为改革方向。国家间仲裁缺乏强制性的裁决审查机制,当事国不承认、不执行裁决是质疑越权裁决效力的主要方式。因而越权裁决法律救济的制度完善,应根据仲裁类型的不同,在终局性与公正性、强制性与自治性之间寻求恰当的平衡。[1]

此外,公共政策在仲裁司法审查中的运用问题[2]、当事人欺诈及仲裁员徇私枉法的审查[3],以及仲裁司法报核程序[4]等事项仍为不少论者所关注。

10. 仲裁的承认与执行

仲裁裁决的承认与执行关乎仲裁裁决权威的维护和仲裁作用的发挥。

针对国际商事仲裁裁决承认与执行过程中败诉方破产,审查执行申请的法院兼为破产程序启动国或承认国时,如何适用《纽约公约》第5条问题,有论者指出,各法域对此存在不同做法。但一般而言破产不轻易影响《纽约公约》第5条下破产方的行为能力和仲裁协议的效力,但是否影响破产争议的可仲裁性和违背执行地的公共政策则因各国而异。并且,破产背景下裁决往往无法获得单独强制执行,而仅能以债权凭证效力通过债权申报方式与其他债权人一同获得执行。我国司法实践已涉及破产与国际商事仲裁裁决承认与执行的交叉问题,但立法尚处于空白状态。尽快明确与处理二者竞合关系的原则与规则以指导司法实践十分必要。[5]

基于近年来内地仲裁裁决当事人向香港法院申请不予执行仲裁裁决的案件数量的上升态势,和香港法院实际不予执行仲裁裁决的案件中内地机构作出的裁决占比较大之现象,有论者通过梳理2010年至2021年香港法院承认

---

[1] 徐树:《谁来监督裁判者:国际仲裁越权裁决的救济难题》,载《当代法学》2022年第1期,第149—160页。

[2] 李娜:《仲裁司法审查实践中的"公共政策"研究》,载《北京仲裁》2022年第1期,第50—84页。

[3] 周航、田洪鋆:《外仲裁监督中的当事人欺诈与仲裁员徇私枉法浅析——以"程序审查"为背景》,载《社会科学战线》2022年第7期,第275—280页。

[4] 戴敏:《仲裁司法审查报核程序"外部化"问题及解决路径——以63份裁判书为分析样本》,载《商事仲裁与调解》2022年第6期,第92—105页。

[5] 范晓宇:《论破产对国际商事仲裁裁决承认与执行的影响——以〈纽约公约〉第5条的适用为视角》,载《国际经济法学刊》2022年第3期,第141—156页。

与执行仲裁裁决的案例后指出，内地仲裁裁决被香港法院以《仲裁条例》第95条为依据拒绝执行的数量偏多。理由主要为执行裁决违反公共政策、仲裁程序通知瑕疵而可能损害被执行人抗辩权、已过申请执行时效、申请人有重大不披露情形等。而内地仲裁程序存在问题是裁决被拒绝执行的主要原因。故在规则层面应确立公平正义与灵活高效兼顾、诚实信用的法理价值导向，完善送达通知程序，防范虚假仲裁，不断完善内地仲裁规则，保障程序公正，让内地仲裁裁决在香港的执行更为顺畅。①

此外，已撤销的国际商事仲裁裁决的承认与执行②、RCEP背景下中国—东盟商事仲裁裁决承认与执行③、《纽约公约》中正当程序条款的适用④等事项仍为本年度文献的研究对象。

11. 执行豁免

仲裁裁决在执行过程中面临的一大障碍是国家豁免。为了规避国家豁免的阻碍，当事人可能在仲裁协议或合同中约定放弃豁免条款。对此有论者指出，无论是学术界还是立法或司法实践，对于放弃豁免条款的有效性、效力范围和违反后的责任承担没有较为一致的观点。采取限制豁免立场的国家认同放弃豁免条款具有放弃司法管辖豁免的效力，但执行豁免和临时措施豁免需要单独明示。违反放弃豁免条款既可能违反国际法也可能违反国内法，这取决于争议受理法院所属国的国家豁免立场。因而在拟定放弃豁免条款时，仲裁协议相对方要考虑约定的法院选择协议、争议受理国的国家豁免立场以及保障合同履行的其他辅助性措施。⑤

---

① 王玉丹：《香港不予承认与执行仲裁裁决案例实证研究》，载《商事仲裁与调解》2022年第5期，第83—103页；欧阳婧：《香港法院拒绝执行内地仲裁裁决案例研究》，载《商事仲裁与调解》2022年第6期，第5—25页；陈锦淞：《仲裁裁决在香港承认与执行中的公共政策问题》，载《商事仲裁与调解》2022年第1期，第54—70页。

② 郭施雯：《已撤销国际商事仲裁裁决的承认与执行问题研究》，载《东南大学学报（哲学社会科学版）》2022年增刊2，第98—102页。

③ 蒋慧：《RCEP背景下中国—东盟商事仲裁承认与执行机制省察与调适革新》，载《政法论丛》2022年第6期，第97—109页。

④ 张新新：《我国内地法院适用〈纽约公约〉正当程序条款的实证研究》，载《商事仲裁与调解》2022年第4期，第53—63页。

⑤ 杜焕芳、段鑫睿：《论国际仲裁中国家放弃豁免条款的效力》，载《国际法研究》2022年第2期，第53—70页。

12. 平行程序

内地与香港区际诉讼与仲裁平行程序冲突的实质是区际司法管辖权和仲裁管辖权的冲突。内地和香港对仲裁协议效力认定的法律冲突，使得双方对同一份仲裁协议效力作出相反判断，最终引发区际诉讼与仲裁平行程序的发生。内地和香港分别采用"诉讼与仲裁并行"模式和禁诉令机制，无法有效解决区际诉讼和仲裁平行程序问题。立足于立法和司法两个层面，解决仲裁协议效力认定的法律冲突，协调临时措施签发标准，才能有效解决内地与香港区际诉讼与仲裁平行程序问题。①

13. 域外仲裁立法介绍

本年度域外仲裁立法的介绍颇少。其中对于"一带一路"重要节点国家哈萨克斯坦的仲裁制度，有论者指出，哈萨克斯坦阿斯塔纳国际金融中心下设国际仲裁中心，为投资者提供一个以仲裁为争议解决方式的平台。该中心的仲裁制度构成哈萨克斯坦国际商事仲裁制度的重要组成部分。该中心的仲裁制度对仲裁协议的形式与作用、仲裁庭的产生与组成、仲裁程序的开展、仲裁裁决的作出等均作了详细的规定。②

而巴基斯坦仲裁法律体系较为复杂，包含《仲裁法》《仲裁（议定书和公约）法》《承认和执行仲裁协议和外国仲裁裁决法》以及《替代性纠纷解决法》等法律。这些法律详细地规定了仲裁协议的定义和有效性，仲裁条款的独立性、仲裁的法律适用、仲裁程序的启动、仲裁员的选任、法院在仲裁中的权力、国内仲裁裁决和外国仲裁裁决的区分以及仲裁裁决的承认与执行等内容。但巴基斯坦仲裁法律并未完全吸纳现代仲裁法的相关制度，如没有接受仲裁庭的管辖权自裁原则，没有规定仲裁临时措施规则，没有较好地限制法院在仲裁中的权力等，因而被称为"仲裁不友好国家"。此外，巴基斯坦仲裁相关法律间的适用关系复杂且不确定。③

---

① 谢婉：《论内地与香港区际诉讼与仲裁平行程序的解决》，载《商事仲裁与调解》2022年第3期，第17—32页；杨翠柏、张雪娇：《禁止仲裁令及其对我国企业境外投资的影响》，载《西南民族大学学报（人文社会科学版）》2022年第1期，第69—77页。

② 王青松、苏超：《哈萨克斯坦国际商事仲裁制度研究——以阿斯塔纳国际金融中心仲裁制度为视角》，载《国际商务研究》2022年第3期，第65—75页。

③ 杨陶、张炯：《巴基斯坦仲裁法律制度述评》，载《商事仲裁与调解》2022年第3期，第33—46页。

14. 多元纠纷解决机制

近年来，国际商事纠纷多元化解决机制为学界和实务界高度关注。有论者指出，商事仲裁被普遍认为溯源于欧洲的商人行会。然从古代中国的历史记载中仍能发现商事仲裁影子的存在。而商事仲裁的中国基因体现在两个方面：一是调解和仲裁的不可分离性；二是仲裁和官方授权存在紧密的联系。①

而就当今的商事纠纷多元化解决机制而言，有论者指出，中国涉外商事纠纷多元化解决机制的实践成果丰富，很多优秀成果可以形成可复制推广的经验。②调仲被誉为中国仲裁制度的特色，其作为多元化纠纷解决方式的一种，在中国国际仲裁中得到广泛使用，但中国现行的仲裁法律法规对调仲机制的规范不成体系，使其程序性缺陷一直未能得到解决。"中国式调解"所带来的程序性争议，对于当事人在跨境争议中选择采用调仲造成了阻碍。这些争议包括对调仲程序正当性、公正性和独立性的质疑等。故应通过立法和司法保障调仲制度的中立性、公正性，使仲裁与调解制度中的信息和裁判人员相对分离，吸纳国际标准完善仲裁规则，保证程序正当，有助于推广和完善调仲制度。③

就我国涉东盟商事调解与仲裁机制而言，我国涉东盟商事调解与仲裁衔接在具体实践中仍存在顶层设计不足和国际商事调解法律阙如、程序性规范过于原则而可操作性不强、调解协议的效力审查标准以及恶意调解的责任规定不明确等问题。对此，应以当事人意思自治为中心，充分尊重当事人选择权；制定专门的商事调解与仲裁衔接的法律规范并适当采取变通等措施予以解决。④此外，有论者对"一带一路"商事争端解决机制的建构⑤、《新加坡调解公约》

---

① 詹晖：《中国古代史传统中的商事仲裁基因》，载《北京仲裁》2022年第2期，第151—157页。

② 沈芳君：《"一带一路"背景下涉外商事纠纷多元化解机制实证研究》，载《法律适用》2022年第8期，第55—65页。

③ 顾维遐：《论调仲作为中国跨境商事及投资争议的多元化纠纷解决方式》，载《国际法研究》2022年第4期，第96—108页。

④ 杨鹏：《"一带一路"建设中我国涉东盟商事调解与仲裁衔接研究》，载《广西社会科学》2022年第3期，第71—77页。

⑤ 杨博超、李丹：《"一带一路"商事争端解决机制的体系建构与发展面向》，载《商业研究》2022年第3期，第80—88页。

下政府保留条款的适用[1]、我国执行国际商事和解协议的衔接[2]、非诉调解协议效力[3]、粤港跨境金融纠纷调解[4]、我国商事调解员的任职资格[5]，及仲裁机构参与社会治理[6]等事项的研究，丰富了国际商事纠纷多元化解决机制的研究成果。

除上述各项具体研究主题外，本年度研究文献尚包括第三方资助仲裁的意思自治问题[7]、集团仲裁[8]、仲裁案外人准入[9]、虚假仲裁案外人权益保护[10]、无涉外性案件约定境外仲裁条款的效力[11]、仲裁协议随债权"自动转移"情况下债务人的保护[12]、禁止仲裁令[13]、仲裁上诉或复裁机制[14]、仲裁员

---

[1] 黄子淋：《〈新加坡调解公约〉政府保留条款的适用问题及中国因应》，载《商事仲裁与调解》2022年第2期，第69—81页。

[2] 张琳：《〈新加坡调解公约〉下我国执行国际商事和解协议的衔接构建》，载《商事仲裁与调解》2022年第3期，第132—142页；文金羚：《〈新加坡调解公约〉下我国商事调解协议执行机制研究》，载《商事仲裁与调解》2022年第5期，第122—137页。

[3] 李佳：《比较法视域下非诉调解协议效力规则的优化——以〈新加坡调解公约〉为切入》，载《商事仲裁与调解》2022年第3期，第90—100页。

[4] 王楠：《理财通视角下的粤港跨境金融消费纠纷调解机制研究》，载《商事仲裁与调解》2022年第2期，第82—96页。

[5] 刘沁予：《〈新加坡调解公约〉签署后我国商事调解员的任职资格》，载《商事仲裁与调解》2022年第3期，第113—131页。

[6] 张建：《多元共治视野下仲裁机构主动参与社会治理研究》，载《商事仲裁与调解》2022年第5期，第31—43页。

[7] 李贤森：《第三方资助仲裁的意思自治保障与限制问题研究》，载《商事仲裁与调解》2022年第4期，第5—26页。

[8] 唐力、赵以：《论我国集团仲裁制度的构建》，载《学海》2022年第5期，第164—173页。

[9] 谷佳杰、张健祯：《仲裁案外人准入制度之质疑》，载《海南大学学报（人文社会科学版）》2022年第4期，第123—130页。

[10] 韩雪：《虚假仲裁案外人权益保护的路径探索》，载《商事仲裁与调解》2022年第2期，第113—125页。

[11] 郑鸿举：《中国法语境下无涉外因素约定境外仲裁的协议效力问题探究（上）》，载《商事仲裁与调解》2022年第4期，第64—71页；郑鸿举：《中国法语境下无涉外因素约定境外仲裁的协议效力问题探究（下）》，载《商事仲裁与调解》2022年第5期，第75—82页。

[12] 姚宇：《仲裁协议随债权转让的价值平衡方法——对债务人保护的再审视》，载《中国政法大学学报》2022年第3期，第282—293页。

[13] 杨翠柏、张雪娇：《禁止仲裁令及其对我国企业境外投资的影响》，载《西南民族大学学报（人文社会科学版）》2022年第1期，第69—77页。

[14] 庄可：《国际商事仲裁复裁制度的法理基础与实践逻辑》，载《商事仲裁与调解》2022年第1期，第106—125页。

回避[1]、证据开示制度[2]及仲裁程序中的财产保全问题[3]等主题的研究成果。

四、结语

  仲裁作为多元化争议解决方式的重要组成部分，事关国家治理体系和治理能力。而当今世界各国正处于新一轮"仲裁法律制度修订"的热潮中，充分体现出仲裁历久弥新的国际化魅力和仲裁法律制度的全球竞争属性。[4]适值我国仲裁法修法征求意见之际，本年度研究文献虽然总体数量下降，但内容多样而新颖且又不失当下的现实性，建言献策，为我国仲裁法修订和中国仲裁的可持续发展提供了强劲的理论支撑。

---

[1] 胡海容：《斯德哥尔摩商会仲裁院仲裁员回避规则的实证分析及其启示——以1995—2019的实践为分析视角》，载《商事仲裁与调解》2022年第2期，第10—24页。

[2] 宋尚聪：《美国法院证据开示协助制度适用于国际商事仲裁的经验与启示》，载《商事仲裁与调解》2022年第6期，第26—37页。

[3] 李慧：《香港海事临时仲裁在内地法院财产保全的实证分析及理论探讨》，载《商事仲裁与调解》2022年第2期，第39—52页。

[4]《北仲应邀赴澳参加第九届大中华仲裁论坛 分享仲裁发展现状与趋势研究报告》，载北京仲裁委员会官网，https://www.bjac.org.cn/news/view?id=4645，最后访问日期：2024年3月15日。

2022 年关于中国仲裁和争议解决的英文文献综述

张 舒 李 珈 杨越毅[*]

- 摘 要

    本文选取并评析了 31 篇发表于 2022 年的与中国相关的仲裁及争议解决方面的英文文献。这些文献反映出国际上对中国仲裁和争议解决机制的核心关注点。通过对这些文献的分析，笔者发现国际上对中国仲裁和争议解决机制的关注主要聚焦于《中华人民共和国仲裁法（修订）（征求意见稿）》的讨论、争议解决中的适用法和证据问题、仲裁裁决的承认与执行问题、投资仲裁问题、中国与国际争议解决机制和仲裁与人工智能等方面。本文通过对上述文献的归纳和评述，试图展示英文文献在中国仲裁与争议解决的研究上的观点，帮助中文读者从另一视角了解相关问题在国际上的共识与争议，促进中外从业者和学术界的沟通。

- 关键词

    中国仲裁 争议解决 国际仲裁 国际商事法庭 "一带一路"倡议

---

[*] 张舒，澳大利亚迪肯大学法学院高级讲师；李珈，海南大学外国语学院助教，对外经贸大学法学院博士研究生；杨越毅，对外经贸大学法学院博士研究生。

Abstract: This study conducts a comprehensive review of 31 English-language articles and manuscripts published in 2022 on topics of arbitration and dispute resolution in China. These articles reflect the primary concerns of the international community regarding China's arbitration and dispute resolution mechanisms. Our review reveals the hot topics include the Proposed Amendments to the Chinese Arbitration Law in 2021; issues of applicable law in arbitration and dispute resolution; evidentiary issues in arbitration; recognition and enforcement of arbitration awards; investment arbitration; international dispute resolution mechanisms in China's context; and artificial intelligence in the context of arbitration. This article endeavours to facilitate Chinese readers' comprehension on these issues and foster the communication between practitioners and academics both domestically and abroad by presenting the literature review of the manuscripts above.

Key Words: arbitration in China, dispute settlement, international arbitration, ICC, BRI

一、《中华人民共和国仲裁法（修订）(征求意见稿)》发布

自《中华人民共和国仲裁法》（以下简称《仲裁法》）于 1995 年实行以来，中国当事人与法律从业者频繁参与到国际经济交流和仲裁实践中。随着国际仲裁的飞速发展，近三十年前所制定的法律在一定程度上已经落后于实践，因而关于仲裁法改革的呼声也越来越高。在此背景下，中国司法部于 2021 年 7 月发布了《中华人民共和国仲裁法（修订）(征求意见稿)》（以下简称《征求意见稿》），意在将仲裁及相关司法实践提升至立法层面。《征求意见稿》自公布以来便受到广泛关注，众多学者认为《征求意见稿》释放出改革涉外仲裁制度的积极信号，有助于推动中国仲裁立法与国际仲裁实践接轨，为中国仲裁开创新的时代。同时，不少学者对《征求意见稿》所涉的争议问

题发表了各自的观点：Kun Fan[①]、Uliana Cooke 和 Jean Zhu[②] 从整体层面总结了《征求意见稿》的主要特点，Ling Yang[③] 介绍了仲裁地概念在中国内地的发展，Wang Yuan[④]、Beibei Zhang 和 Shen Wei[⑤] 从不同角度研究了仲裁中涉外因素的问题，Panfeng Fu[⑥] 对仲裁庭的自裁管辖权原则提出了改革建议，Emmanuel Jacomy 等[⑦] 对《征求意见稿》中紧急仲裁制度的合法性进行了探讨，Weiyao Han[⑧]、Guanglei Zhang 和 Jinhui Zhang[⑨] 对临时仲裁问题进行了探讨。

（一）《征求意见稿》的主要特点

Kun Fan[⑩]、Uliana Cooke 和 Jean Zhu[⑪] 总结了《征求意见稿》的主要特征，两篇文章均指出《征求意见稿》扩大了仲裁在中国的适用范围，承认了仲

[①] Kun Fan, *The 2021 Proposed Amendments to the Arbitration Law of China: A New Era of Arbitration?*, 3 ICC Dispute Resolution Bulletin, 21-25（2022）.

[②] Uliana Cooke & Jean Zhu, *International Arbitration for Chinese Parties: Overview, Trends and Predictions*, 16（2）Romanian Arbitration Journal, 48-61（2022）.

[③] Ling Yang, *The Seat of Arbitration: The Development of this Concept in Mainland China*, 24（1）Asian Dispute Review, 35-40（2022）.

[④] Wang Yuan, *Extraterritorial Arbitration in China's Pilot Free Trade Zones and Beyond*, 88（1）The International Journal of Arbitration, 82-100（2022）.

[⑤] Beibei Zhang & Shen Wei, *Go Dutch - A Proposal to Optimise the Standards and Procedures for Judicial Review of Arbitral Awards in China*, 9（1）Journal of International and Comparative Law, 179-206（2022）.

[⑥] Panfeng Fu, *The Doctrine of Kompetenz-Kompetenz: A Sino-French Comparative Perspective*, 52 Hong Kong Law Journal, 259-288（2022）.

[⑦] Emmanuel Jacomy, Edward Taylor & Eric Li, *Emergency Arbitration in Mainland China: A New Dawn?*, 24（3）Asian Dispute Review, 134-141（2022）.

[⑧] Weiyao Han, *Ad Hoc Arbitration Reform in China: A Step Forward*, 18（2）Asian International Arbitration Journal, 143-164（2022）.

[⑨] Guanglei Zhang & Jinhui Zhang, *Judicial Review of Ad Hoc Arbitration Agreements and Relevant Law Reform Proposals in Mainland China*, 24（3）Asian Dispute Review, 114-120（2022）.

[⑩] Kun Fan, *The 2021 Proposed Amendments to the Arbitration Law of China: A New Era of Arbitration?*, 3 ICC Dispute Resolution Bulletin, 21-25（2022）.

[⑪] Uliana Cooke & Jean Zhu, *International Arbitration for Chinese Parties: Overview, Trends and Predictions*, 16（2）Romanian Arbitration Journal, 48-61（2022）.

地的概念，给予了仲裁员更大的权利，并鼓励了外国仲裁机构的发展。此外，Kun Fan 进一步研究了对仲裁进行司法审查的问题，[①] 而 Uliana Cooke 和 Jean Zhu 则侧重于讨论多元化纠纷解决机制。[②]

具体来看，Kun Fan[③] 认为《征求意见稿》有七个主要特点：一是为临时仲裁和外国仲裁机构涉外仲裁提供市场准入，不再区分境内仲裁机构和涉外仲裁机构，而是统一使用"仲裁机构"一词。二是正式承认仲裁地概念，《征求意见稿》第 27 条明确了仲裁裁决的国籍应由仲裁地确定，而非由仲裁机构所在地确定。三是明确了仲裁员具有自裁管辖权，使中国的仲裁法与国际惯例和《贸易法委员会国际商事仲裁示范法》（以下简称《示范法》）中的规定保持一致。四是明确授予仲裁庭和紧急仲裁员具有协助当事人获得临时救济的权利，并允许当事人在仲裁程序开始前或进行中申请临时救济，将临时救济的类型扩大到包括诉讼保全和仲裁庭认为必要的其他临时措施。同时，中国法院被要求强制或协助执行临时措施。五是支持在线仲裁，明确允许仲裁程序可以在线或仅通过文件进行，并在质证方式和送达方式方面提供了更多灵活性。六是统一撤销国内和涉外仲裁裁决的理由，避免法院实质审查标准不同导致的混淆和错误撤销。七是通过限制执行法院的审查范围消除双重监督制度。《征求意见稿》规定，只有当裁决"违反社会公共利益"时，中国法院才可以拒绝执行国内或涉外仲裁裁决。Kun Fan 认为《征求意见稿》中的变化反映了中国态度的转变，即由从前自上而下的方式转变为将仲裁视为自由市场力量驱动的服务行业。这表明中国当局正努力使中国的仲裁更好地与国际规则接轨，使中国成为更有吸引力的仲裁中心。

Uliana Cooke 和 Jean Zhu 在讨论了中国在国际仲裁实践中的概况和发展趋势后，也总结出《征求意见稿》的六个特点。[④] 一是为积极应对新出现的投

---

① Kun Fan, *The 2021 Proposed Amendments to the Arbitration Law of China: A New Era of Arbitration?*, 3 ICC Dispute Resolution Bulletin, 21-25（2022）.

② Uliana Cooke & Jean Zhu, *International Arbitration for Chinese Parties: Overview, Trends and Predictions*, 16（2）Romanian Arbitration Journal, 48-61（2022）.

③ Kun Fan, *The 2021 Proposed Amendments to the Arbitration Law of China: A New Era of Arbitration?*, 3 ICC Dispute Resolution Bulletin, 21-25（2022）.

④ Uliana Cooke & Jean Zhu, *International Arbitration for Chinese Parties: Overview, Trends and Predictions*, 16（2）Romanian Arbitration Journal, 48-61（2022）.

资者—东道国争端,《征求意见稿》扩大了仲裁的适用范围,为投资纠纷中地位不平等的当事人提供了适用仲裁的可能性;二是《征求意见稿》谨慎地引入了临时仲裁这一机制,但临时仲裁仅限于处理涉外纠纷;三是采用普遍接受的仲裁地概念,允许和鼓励境外仲裁机构在中国内地设立营业机构;四是鼓励仲裁机构的发展,扩大其在国内外仲裁实践中的影响力;五是赋予仲裁庭在自裁管辖权和采取临时措施方面更大的权力;六是提供包括仲裁调解机制和独立商事调解在内的综合调解机制,增强国际仲裁争端解决的灵活性,提供具有东方智慧的解决方案。

(二)仲裁地概念的新发展

《征求意见稿》第 27 条明确指出仲裁裁决应被视为在仲裁地作出的裁决。关于仲裁地概念,Ling Yang 进行了详细的分析。[1]"仲裁地"的概念最初并不被中国法院承认,但在政府政策和司法实践中逐渐开始实际使用该概念,直至 2021 年的《征求意见稿》才正式接受了仲裁地概念,明确了外国仲裁机构在中国内地作出的仲裁裁决的国籍。《征求意见稿》中有关"仲裁地"的确认顺应了现行司法实践和政府关于适用于外国仲裁机构管理的法律政策,也呼应了 Brentwood 案[2]的裁决,并从立法角度明确了外国仲裁机构在中国内地作出的仲裁裁决是涉外仲裁裁决,而非外国仲裁裁决。故而持有涉外仲裁裁决的当事人应当根据《中华人民共和国民事诉讼法》(以下简称《民事诉讼法》)而非《纽约公约》直接向中国主管法院申请执行。Kun Fan 也认为《征求意见稿》中的规定填补了当事人对仲裁地没有约定或者约定不明时的法律空白,并将仲裁地与仲裁机构所在地的概念分开,有助于避免法律上的不确定性。[3]

虽然仲裁地的概念在《征求意见稿》中得到了进一步明晰,但也仍然存在一些关于外国仲裁机构在中国仲裁的未决问题。Ling Yang 指出这些问题包括:

---

[1] Ling Yang, *The Seat of Arbitration*:*The Development of this Concept in Mainland China*, 24(1) Asian Dispute Review, 35-40(2022).

[2] 布兰特伍德工业有限公司(Brentwood Industries)、广东阀安龙机械成套设备工程有限公司申请承认与执行法院判决、仲裁裁决案,广东省广州市中级人民法院一审民事裁定书(2015)穗中法民四初字第 62 号。

[3] Kun Fan, *The 2021 Proposed Amendments to the Arbitration Law of China*:*A New Era of Arbitration?*, 3 ICC Dispute Resolution Bulletin, 21-25(2022).

例如：（1）此类仲裁当事人是否与内地仲裁机构管理的案件当事人一样，有资格在内地法院寻求临时措施；（2）何级法院有权撤销此类仲裁的裁决；（3）有管辖权的法院如何协助或审查此类仲裁；（4）如何依据《关于内地与香港特别行政区法院就仲裁程序相互协助保全的安排》寻求临时救济。①

（三）仲裁裁决中涉外因素的相关问题

中国将仲裁裁决的种类分为国内、涉外和外国三类，并用不同的实体和程序规则规制不同类型的仲裁裁决。② 这种区分也体现在《征求意见稿》中，其第七章即为"涉外仲裁的特别规定"，规定了与涉外仲裁员、涉外仲裁协议效力、具有涉外因素的商事纠纷的约定仲裁等有关的问题。Wang Yuan 主要讨论了"涉外因素"的判定标准，而 Beibei Zhang 和 Shen Wei 主要分析了涉外仲裁裁决的司法审查问题。

Wang Yuan 回顾了中国自贸区域外仲裁的发展，指出中国法院对于"涉外因素"和"国际仲裁"的判定一直较为严格，但这种情况在 2015 年上海自贸区西门子诉金地案（Siemens v. Golden Land）中得到了一定突破。2016 年最高人民法院发布的《关于为自由贸易试验区建设提供司法保障的意见》中进一步提出在自贸区内有限开放域外仲裁的规则，即当争议各方均为自贸区内注册的外商独资企业，或一方或者双方为在自贸试验区内注册的外商投资企业，当事方可以将商事争议提交域外仲裁，这是中国仲裁制度涉外规则与国内规则相衔接的里程碑。③

Beibei Zhang 和 Shen Wei 通过借鉴荷兰关于仲裁的立法与实践，认为《征求意见稿》未能完全改善中国对涉外仲裁裁决司法审查的制度，立法者可以考虑对仲裁裁决使用同一套司法审查程序和标准，不再以仲裁裁决具有涉外因素进行区分。作者指出，与《纽约公约》采用的仲裁的领土性原则一致，荷兰仲裁法只将仲裁分为在荷兰境外进行的仲裁和在荷兰境内进行的仲裁（无

---

① Ling Yang, *The Seat of Arbitration: The Development of this Concept in Mainland China*, 24（1）Asian Dispute Review, 35-40（2022）.

② Beibei Zhang & Shen Wei, *Go Dutch - A Proposal to Optimise the Standards and Procedures for Judicial Review of Arbitral Awards in China*, 9（1）Journal of International and Comparative Law, 179-206, （2022）.

③ Wang Yuan, *Extraterritorial Arbitration in China's Pilot Free Trade Zones and Beyond*, 88（1）The International Journal of Arbitration, 82-100（2022）.

论是否包含涉外因素），并且对国际仲裁裁决和国内仲裁裁决适用同一套规则。与此相对，中国会根据仲裁裁决是否具有涉外因素而选用不同的实体法和程序进行司法审查，并且作者指出，中国立法者暂时不打算统一涉外和国内仲裁裁决的司法审查机制。[1]具体来说，虽然荷兰境内和境外产生的仲裁裁决分别依照荷兰的国内法和国际条约的规则申请承认与执行，但法院拒绝执行仲裁裁决的理由是相似的，因此荷兰法官不会专门分析仲裁裁决中的涉外因素。而依据《最高人民法院关于人民法院处理与涉外仲裁及外国仲裁事项有关问题的通知》，裁定不予执行或者拒绝承认和执行涉外或外国仲裁裁决需取得最高人民法院的许可，但国内仲裁裁决并不受类似程序的限制。虽然2017年《最高人民法院关于审理仲裁司法审查案件若干问题的规定》和2021年《最高人民法院关于修改〈最高人民法院关于仲裁司法审查案件报核问题的有关规定〉的决定》将之前仅适用于涉外或外国仲裁的报告制度拓展至国内仲裁，但作者认为，在可预见的未来，涉外仲裁和国内仲裁在仲裁过程及司法审查方面仍将存在差异，特别是《征求意见稿》并未对优化仲裁裁决的分类起到显著贡献。作者主张，为与国际商事仲裁惯例和实践相衔接，中国可借鉴荷兰对仲裁裁决的司法审查规则，统一涉外和国内仲裁司法审查标准，提高仲裁制度的可预见性，节约仲裁和司法资源，维护仲裁公信力和司法公正。[2]

综上，对于国际仲裁中涉外因素的影响，Wang Yuan、Beibei Zhang 和 Shen Wei 均认为，在《征求意见稿》所设框架内，区别对待涉外仲裁和国内仲裁的"双轨制"将在相当长的一段时间内保持不变，并将继续对仲裁裁决和司法审查程序产生重要影响。但 Wang Yuan 认为对涉外仲裁的专门规定显示出中国对涉外仲裁制度改革的积极信号，[3]而 Beibei Zhang 和 Shen Wei 却认为对"涉

---

[1] Beibei Zhang & Shen Wei, *Go Dutch - A Proposal to Optimise the Standards and Procedures for Judicial Review of Arbitral Awards in China*, 9（1）Journal of International and Comparative Law, 179-206（2022）.

[2] Beibei Zhang & Shen Wei, *Go Dutch - A Proposal to Optimise the Standards and Procedures for Judicial Review of Arbitral Awards in China*, 9（1）Journal of International and Comparative Law, 179-206（2022）.

[3] Wang Yuan, *Extraterritorial Arbitration in China's Pilot Free Trade Zones and Beyond*, 88（1）The International Journal of Arbitration, 82-100（2022）.

外因素"的特别考量未必有利于仲裁制度的整体改革。①

（四）明确自裁管辖权原则

《征求意见稿》第 28 条将裁决仲裁协议效力及仲裁案件管辖权的权力明确赋予了仲裁庭。仲裁庭的"自裁管辖权原则"（Kompentenz-Kompentenz）在国际仲裁领域已被广泛接受，但中国的现行法律中却并未采用该原则，而是规定由仲裁机构或有管辖权的法院决定仲裁庭是否对具体的仲裁案件享有管辖权。②Uliana Cooke 和 Jean Zhu 指出，不少中国仲裁机构已在其仲裁规则中明确表示可以授权仲裁庭对管辖权问题进行裁决，但这种规定是缺乏立法支持的。③Panfeng Fu 也表示仲裁委员会授权仲裁庭裁决其管辖权问题的规定没有中国国内法依据，并且即使有授权，仲裁管辖权的裁决权大部分仍在仲裁委员会手中。④若《征求意见稿》的第 28 条得到通过，中国将有明确的立法规定展示中国支持国际仲裁中自裁管辖权原则的立场。

对自裁管辖权原则，Panfeng Fu 展开了进一步的论述。他指出，自裁管辖权原则可分为积极的和消极的两种表现形式，积极的自裁管辖权原则表现为仲裁庭有权决定自身的管辖权，而消极的自裁管辖权原则要求法院只能在仲裁裁决作出后才能对仲裁管辖权问题进行审查，换句话说，消极的自裁管辖权原则的实质在于仲裁庭能优先裁决其自身的管辖权问题，但法院对仲裁庭是否拥有管辖权具有最终决定权。作者提到法国是消极的自裁管辖权原则立法和实践的先驱，在法国的仲裁法和法国最高院的判决中都明确了消极的自裁管辖权原则，故法国可以作为中国在立法和实践中引入消极的自裁管辖权原则的参照。作者特别指出，《征求意见稿》第 28 条虽然允许仲裁当事人向法院就仲裁庭对仲裁协议效力或者管辖权的决定提出异议，但同时也规定，

---

① Beibei Zhang & Shen Wei, *Go Dutch - A Proposal to Optimise the Standards and Procedures for Judicial Review of Arbitral Awards in China*, 9（1）Journal of International and Comparative Law, 179-206 （2022）.

② Panfeng Fu, *The Doctrine of Kompetenz-Kompetenz: A Sino-French Comparative Perspective*, 52 Hong Kong Law Journal, 259-288（2022）.

③ Uliana Cooke & Jean Zhu, *International Arbitration for Chinese Parties: Overview, Trends and Predictions*, 16（2）Romanian Arbitration Journal, 48-61（2022）.

④ Panfeng Fu, *The Doctrine of Kompetenz-Kompetenz: A Sino-French Comparative Perspective*, 52 Hong Kong Law Journal, 259-288（2022）.

"人民法院的审查不影响仲裁程序的进行",这实际上也就承认了仲裁庭对其自身的管辖权具有优先决定权。最后,作者总结道,虽然对于消极的自裁管辖权原则在国际层面仍存在争议,但法国的做法正被越来越多的国家接受,中国在修订其仲裁法时的考虑与法国一样,完整地接受自裁管辖权原则。①

(五)完善紧急仲裁制度

《征求意见稿》第42—49条对仲裁临时措施进行了规定,首次使用"临时措施"的概念,赋予了仲裁庭发布临时措施的权力,增加了紧急仲裁员的规定,实现了在紧急仲裁制度上与国际仲裁体系相接轨。

关于紧急仲裁在中国发展缓慢的原因,Emmanuel Jacomy等作者认为最重要的因素是其不确定的法律地位。②一方面,《民事诉讼法》和《仲裁法》要求当事人从中国法院获得支持仲裁的临时措施;另一方面,中国各仲裁机构规则中纳入了紧急仲裁机制,声称允许当事人从紧急仲裁员处获得临时措施,而无须求助于中国法院。这些原则之间的冲突造成了被诉方在中国法院的竞争性管辖权下成功挑战紧急仲裁员的任命和其在中国仲裁中批准临时措施的管辖权的风险。作者认为《征求意见稿》明确了紧急仲裁的合法性,从而为中国内地仲裁中的紧急仲裁带来了新的曙光。第一,《征求意见稿》不再要求中国法院为唯一作出临时措施的机关,而正式承认紧急仲裁员和仲裁庭可以在适用仲裁规则允许的情况下行使紧急仲裁权。第二,《征求意见稿》在紧急仲裁员和仲裁庭在可能批准的临时措施的范围方面更为灵活。第三,《征求意见稿》规定仲裁庭临时措施的决定,也包括紧急仲裁员的决定,都可以在中国法院执行。因此,如果《征求意见稿》得以通过并实施,可以为仲裁当事方提供一个可行的选择,而不是仅向法院申请临时救济。这将增加紧急仲裁在中国的适用,并推动紧急仲裁制度在亚太其他地区的普及。③

(六)增设临时仲裁机制

临时仲裁在全球范围内十分普及,但在中国现有仲裁法律框架下却未能得

---

① Panfeng Fu, *The Doctrine of Kompetenz-Kompetenz*: *A Sino-French Comparative Perspective*, 52 Hong Kong Law Journal, 259–288(2022)。

② Emmanuel Jacomy, Edward Taylor & Eric Li, *Emergency Arbitration in Mainland China*: *A New Dawn*?, 24(3)Asian Dispute Review, 134–141(2022)。

③ Emmanuel Jacomy, Edward Taylor & Eric Li, *Emergency Arbitration in Mainland China*: *A New Dawn*?, 24(3)Asian Dispute Review, 134–141(2022)。

到明确承认。近年来，为吸引更多的外国投资和贸易，中国对临时仲裁的态度发生了一些变化。2016年，最高人民法院开始允许自由贸易区内注册的企业使用临时仲裁，首次承认临时仲裁的合法性，但临时仲裁机制仅适用于在自贸区注册的企业，难以提升临时仲裁在中国内地的普及程度。《征求意见稿》的第91条虽未直接使用"临时仲裁"这一名称，但试图在更大范围内为涉外临时仲裁提供法律依据。

由于《征求意见稿》中的临时仲裁仅适用于涉外纠纷，排除了临时仲裁制度在国内纠纷中的使用，故不少学者批评这种对中国临时仲裁制度的改革是不全面的且存在对国内和国外当事人的不平等待遇。Weiyao Han 认为，虽然"双轨制"可能不理想，但这是最适合中国目前情况的选择。[1] 该作者认为选择采用"双轨制"主要是基于以下三个理由：一是基于激励国际投资和交易的目的，立法者有更强的经济动机在法律政策中为涉外商业活动提供优惠待遇；二是涉外仲裁中出现不法行为的记录极少，仲裁员出现重大错误、贿赂、渎职、歪曲法律文本等明显的渎职行为较为罕见，涉及虚假诉讼的情况也较少，故涉外案件可以享受更大的临时仲裁的自主权；三是国内纠纷的解决并不急需临时仲裁制度，现有纠纷解决机制已然足够。作者认为，目前区分国内案件和涉外案件的"双轨制"是立法者基于国内外差异所作出的选择，是为了实现完善的临时仲裁制度的权宜之计，这种过渡制度是合理的且符合中国一贯的渐进式改革风格。至于临时仲裁是否会适用于国内纠纷或何时会适用于国内纠纷，取决于国内的商业环境和仲裁员队伍能否达到临时仲裁制度的要求，这个话题还需要更多的观察和研究。[2]

Guanglei Zhang 和 Jinhui Zhang 同样肯定了《征求意见稿》中对临时仲裁制度规定的突破，认为随着中国对其仲裁制度的彻底改革，中国内地临时仲裁制度的格局会被重塑，临时仲裁未来会在中国内地蓬勃发展并广受欢迎。[3] 作者首先从中国法院对临时仲裁协议的司法审查着手分析，指出尽管现行的

---

[1] Weiyao Han, *Ad Hoc Arbitration Reform in China：A Step Forward*, 18（2）Asian International Arbitration Journal, 143–164（2022）.

[2] Weiyao Han, *Ad Hoc Arbitration Reform in China：A Step Forward*, 18（2）Asian International Arbitration Journal, 143–164（2022）.

[3] Guanglei Zhang & Jinhui Zhang, *Judicial Review of Ad Hoc Arbitration Agreements and Relevant Law Reform Proposals in Mainland China*, 24（3）Asian Dispute Review, 114–120（2022）.

《仲裁法》不允许在中国内地进行临时仲裁,但并没有明确排除提交中国法院审查的临时仲裁协议的有效性和可执行性。这种自相矛盾的情况本质上构成了非中国法律适用于中国法院审查临时协议的基础,而审查临时仲裁协议效力的关键在于仲裁协议的准据法。其次,确定仲裁协议适用法律的规则因仲裁协议是否具有"涉外因素"而异,在临时仲裁协议的情况下,没有选择任何会导致适用仲裁机构所在地法律。最后,在审查临时仲裁协议在不同管辖法律下的有效性时,在没有选择法律和仲裁机构的情况下,如果仲裁地点在中国内地,则临时仲裁协议的有效性适用中国法律认定,临时仲裁协议应视为无效。如果仲裁地在其他地区,临时仲裁协议的效力将根据该地法律进行审查。涉外临时仲裁协议一旦被认定有效,中国法院将不对当事人之间的争议行使管辖权。如果发现此类仲裁协议无效,则仲裁庭根据此类协议作出的任何裁决都可能会被中国法院撤销(如果裁决是在中国作出的)或拒绝在中国的承认和执行。①

二、仲裁与争议解决中的法律适用问题

(一)中国争议解决中的法律适用"本地化趋势"

法院或仲裁庭在选择适用法时是否有倾向性对于外国当事人和律师而言是选择仲裁、境外司法程序和中国司法程序中的一个重要考量,因而对中国的争议解决事业发展也有重要影响。外国法律从业者普遍认为中国在选择处理涉外合同纠纷的法律适用时存在"本地化趋势",即中国法院在涉外民事诉讼中倾向适用中国法,而不是外国法律。从2010年颁布的《中华人民共和国涉外民事关系法律适用法》(以下简称《法律适用法》)和最高人民法院自2013年"一带一路"倡议提出以来对法律冲突问题的开放态度来看,在立法和司法上并未有明确支持这一"本地化趋势"。在这一背景下,King Fung Tsang对中国法院在2007年至2018年审理的15755个涉外合同案件进行了分析,② 发现中国法院在法律适用方面确实存在非常明显的"本地化趋势"。尽管随着中

---

① Guanglei Zhang & Jinhui Zhang, *Judicial Review of Ad Hoc Arbitration Agreements and Relevant Law Reform Proposals in Mainland China*, 24(3)Asian Dispute Review, 114–120(2022).

② King Fung Tsang, *An Empirical Study on Choice of Law in China: a Home Run?*, 21 Wash. U. Global Stud. L. Rev. 339–389(2022).

国经济的发展，涉外案件的样本逐年增高，但适用外国法律的比例始终徘徊在1.51%至4.55%之间。若是排除国际公约和港澳地区法律的适用，则适用中国法的案件比例高达99.75%。

对于中国法院在适用法律时表现出的明显"本地化趋势"，作者对其成因进行了深入分析。首先，中国法院尊重当事人的法律选择。在当事人选择外国法律时，虽然会因违反中国的法律强制性规定或者公共政策而被拒绝，但总体来说，绝大多数的案件适用当事人选择的法律。因此，统计中出现的"本地化趋势"主要是由于当事人选择中国法律造成的，而这一点是被很多学者忽略。其次，作者反驳了"本地化趋势"出现的原因是法官不合格，相反，作者认为法院地法制度和中国具有成本效益的法院系统之间的配合是造成这种趋势的重要原因。

作者认为，在立法层面，《法律适用法》第2条将选择最密切联系的法律作为法律适用的指导原则，并在第41条对该原则具体化，即在当事人没有选择准据法时，"适用履行义务最能体现该合同特征的一方当事人经常居所地法律或与合同关系最密切的法律"，且由于未对"最能体现该合同特征"与"与合同关系最密切"进行明确的解释，致使法官在法律适用上拥有宽泛的自由裁量权，使得法律适用变得不确定。然而，在司法实践中，中国的法律适用体系却表现出"事实上的法院地法"特征，使得结果具有相当的确定性，即绝大多数案件适用中国法，即使是例外情况也是可预测的。但是适用"事实上的法院地法"可能无法保证其合理性，因为在适用最密切联系原则时，应当全面地考虑案件中的涉外因素，不能简单直接地排除外国法的适用。

对于立法和司法实践的矛盾，作者认为，中国应当明确其法律适用制度，促进中国司法系统在这一问题上作出决定的确定性和公平性。要么选择放弃事实上的法院地法制度，通过修订《法律适用法》中的冲突规范漏洞尽量地限制法官的自由裁量权，如通过澄清最密切联系和最能体现合同特征之间的关系，恢复最高人民法院关于最能体现合同特征的解释，或提供一个供法院参考的涉外因素清单，或就适用外国法律的标准发布详细的指引。要么坚持现在的法院地法制度，通过修正法律中的措辞，使得立法语言与司法实践相一致。笔者认为，对《法律适用法》的上述实证研究对于中国涉外争议解决和仲裁的理论和实践也具有重要的参考意义。

(二)香港地区仲裁法律的解释与适用

香港地区法律采纳了《示范法》，对于其解释应考虑其国际渊源以及促进其适用的统一性和遵守诚信的必要性。Filip Nordlund 讨论了在实践中香港法院关于《示范法》解释与适用的相关判例。[1] 在主合同的准据法确定情况下，仲裁协议的法律适用可分为明示、默示或未选择三类情形。香港终审法院尚未就在仲裁发起前后均无法律选择条款时，仲裁协议的法律适用方法作出统一决定。当前香港法院对普通法的冲突法规则的适用导致了裁决前程序中的不同决定，因此，可能出现在争议初期被视为有效的仲裁协议在争议后期无效的后果，致使裁决被撤销或拒绝执行，并造成金钱和时间成本的浪费。作者认为，香港法院应采用《纽约公约》第 5 条第 1 款甲项的冲突法规则来确定裁决前后程序中仲裁协议的准据法，通过增强可预测性，促进公平性、专业性和争议解决的高效性，加强香港法律与国际仲裁法的接轨，巩固香港作为国际仲裁的重要地位，并为承认和执行仲裁协议和裁决实践的统一化做出贡献。[2]

三、仲裁中的证据法问题

(一)第三方取证问题

与仲裁相关的证据可能掌握在第三人手中，特别是随着数字经济和新零售的兴起，电子档案可能更容易被采集并分散存储在公司的主机、网络服务器等机器上，或者员工的个人台式电脑、笔记本电脑、智能手机上，或者云供应商的服务器上。在此背景下，仲裁当事人或仲裁庭均可能需要从第三方处收集证据。而对于如何在仲裁程序中获得第三方证据，中国目前的法律并没有明文规定。Ke Mu 通过对国际公约、示范规则以及英国和中国的国内法进行分析，探讨了国际仲裁中向第三方取证的问题，并为中国在第三方取证

---

[1] Filip Nordlund, *Determining the Applicable Law to the Arbitration Agreement in the Absence of a Choice of Law Clause under Hong Kong Law: A Call for Renewed Internationalism*, 38 Arbitration International, 43-57 (2022).

[2] Filip Nordlund, *Determining the Applicable Law to the Arbitration Agreement in the Absence of a Choice of Law Clause under Hong Kong Law: A Call for Renewed Internationalism*, 38 Arbitration International, 43-57 (2022).

问题上提出建议。①

作者指出，仲裁中各利益相关方之间的博弈是造成难以获取第三方证据的主要因素，这些利益相关者不仅包括仲裁当事人、仲裁庭和法院，还包括能够提供证据的第三方。一般来说，依据"谁主张，谁举证"原则，仲裁中的证据应当由仲裁当事人收集，但由于大多数第三方不受当事人之间协议的约束，且当事人在达成协议时通常无法预见向第三方取证的具体情况，故当事人难以靠自己的力量获取第三方的证据。这种情况下，法院能否批准第三方披露证据变得至关重要。但鉴于在仲裁中获取第三方证据的复杂性，国际法和国内法对此均没有明确和统一的规定。作者通过研究近期英国在此问题上的判例将英国法院批准获取第三方证据的考量逻辑归纳为三个步骤：第一，考虑仲裁当事人的合意以及仲裁的私密性和保密性；第二，保护和尊重拥有证据的第三方，法院和仲裁庭都不应任意强迫不愿意的第三方提交与其无法律关系或经济关系的证据；第三，对案件中涉及的私人和公共利益进行评估，如果该案涉及重大的社会和国家利益，则可能会强制第三方提供证据。②

Ke Mu 发现，《仲裁法》第 43 条规定了仲裁当事人需要为自己的主张承担举证责任和仲裁庭可以自行收集认为有必要收集的证据，但对于当事人能否就获取第三方证据寻求仲裁庭或法院的帮助，中国法律暂无明文规定。虽然《仲裁法》第 46 条规定了"在证据可能灭失或者以后难以取得的情况下，当事人可以申请证据保全"，但目前证据保全的规则本身也不十分明确。③ 此外，作者认为，中国仲裁制度缺乏对证据问题的司法监督边界的明确界定。人民法院可以对仲裁中的证据进行追溯审查，并且能以裁决是依据伪造的证据或当事人隐瞒了足以影响公正裁决的证据为由撤销仲裁裁决。虽然法律没有明确这些与证据有关的规定是否适用于第三方提供的证据，但作者认为从立法语言中应当认为是可适用的：仲裁当事人有权向非当事人收集证据，仲裁庭可以依职权要求非当事人提供信息，如果一方当事人隐瞒原本由非当事人

---

① Ke Mu, *A Comparative Study on Obtaining Third-Party Evidence in International Arbitration: Taking England and China for Example*, 15 Contemporary Asia Arbitration Journal, 283–328（2022）.

② Ke Mu, *A Comparative Study on Obtaining Third-Party Evidence in International Arbitration: Taking England and China for Example*, 15 Contemporary Asia Arbitration Journal, 283–328（2022）.

③ Ke Mu, *A Comparative Study on Obtaining Third-Party Evidence in International Arbitration: Taking England and China for Example*, 15 Contemporary Asia Arbitration Journal, 283–328（2022）.

掌握的足以影响公正裁决的证据，人民法院可以撤销仲裁裁决。这种解释无疑会增加仲裁裁决被撤销的可能性。作者认为，中国可以通过立法填补在仲裁中向第三方取证的空白，明确不同仲裁利益相关者的权利和责任，并建议借鉴其他法律体系的做法，充分利用"一带一路"倡议在仲裁取证方面达成国际协作。①

（二）证据披露规则

Adolf Peter 对设在维也纳的中国国际经济贸易仲裁委员会（CIETAC）欧洲中心的仲裁规则和仲裁实践下的证据披露进行了研究。② 由于 CIETAC 规则和奥地利仲裁法均没有明确规定证据披露规则，作者建议当事方就证据规则提前达成协议，并纳入仲裁条款中。依据《奥地利仲裁法》(《奥地利民事诉讼法》第 577—618 条）规定，除非当事方另有约定，在当事人未能达成协议的情况下，仲裁庭有权确定证据披露的适用规则，如《国际律师协会国际仲裁取证规则》（以下简称 IBA 证据规则）、《中国国际经济贸易仲裁委员会证据指引》（以下简称 CIETAC 证据指引）或《关于国际仲裁程序高效进行的规则》（以下简称布拉格规则）等。与 IBA 证据规则和 CIETAC 证据指引不同的是，布拉格规则不允许对特定类别的证据提出证据披露要求。在奥地利仲裁实践中，仲裁庭通常不会要求适用特定的证据规则，而会参考这些规则或指南，根据案件情况对证据问题作出决定。

仲裁庭在 IBA 证据规则、CIETAC 证据指引或布拉格规则下作出的证据披露指令不能由奥地利法院强制执行，但如果一方当事人无正当理由拒绝文件出示请求或仲裁庭命令，仲裁庭可以作出不利于该方的推定。

针对延迟提交证据以及在仲裁程序后期引入新的事实的问题，作者建议仲裁庭在 CIETAC 规则下的第一号程序令③ 中列入关于额外提交书面材料、延

---

① Ke Mu, *A Comparative Study on Obtaining Third-Party Evidence in International Arbitration: Taking England and China for Example*, 15 Contemporary Asia Arbitration Journal, 283-328（2022）.

② Adolf Peter, *Document Production, Late Evidence, Cross-Examinations and Witness Coaching in CIETAC Arbitrations Seated in Vienna, Austria*, 88（3）The International Journal of Arbitration, 437-463（2022）.

③ 笔者注：在国际仲裁中，程序令是仲裁庭就仲裁中的程序性事项出具的决定。仲裁庭召集各方召开完第一次程序会议后，仲裁庭会随即发布第一号程序令（Procedural Order No.1），这是整个仲裁程序推进过程中最重要的程序性文件之一。

迟提交证据和提出新事实的详细规定。在最后一轮书面提交之后，新事实或新证据只应在特殊情况下由仲裁庭根据第一时间可得性规则接受。①

（三）证人询问

Adolf Peter 进一步研究了 CIETAC 欧洲中心的仲裁规则和仲裁实践中的仲裁庭审中的证人询问，②并关注了其中的引导性问题的使用。作者指出 CIETAC 仲裁规则第 35（3）条赋予仲裁庭在仲裁程序中同时适用询问式或辩论式方法的权力。与奥地利仲裁法 ACCP 第 599（1）条相关的第 594（1）条允许当事人就证据程序达成一致，包括通过在听证会上进行证人询问。因此，除非各方当事人另有约定，仲裁庭可以决定对证人进行询问。IBA 证据规则和 CIETAC 证据指引提供的交叉询问程序更倾向于对抗性的普通法体系做法，而布拉格规则更倾向大陆法系由法官主导的证人审查方法，为仲裁庭提供了不同选择。

关于证人准备和证人指导问题，作者认为，为了公平，应在 CIETAC 规则下的第一号程序令中规定限制证人的准备工作。同时，律师不允许诱导证人提供虚假证词或歪曲证人对相关事实的看法，与证人的庭前演练中不应对证人产生不可接受的影响。律师可以在仲裁程序中的交叉询问环节使用引导性问题，但如果以过度、攻击性或侮辱性的方式使用这些问题，则应被仲裁庭拒绝。③

四、仲裁裁决的承认与执行

对于外国仲裁裁决的执行，法院按照《民事诉讼法》第 271 条的规定处理与国外仲裁机构的裁决有关的问题，即依照中国缔结或参加的国际公约或

---

① Adolf Peter, *Document Production, Late Evidence, Cross-Examinations and Witness Coaching in CIETAC Arbitrations Seated in Vienna, Austria*, 88（3）The International Journal of Arbitration, 437-463（2022）.

② Adolf Peter, *Document Production, Late Evidence, Cross-Examinations and Witness Coaching in CIETAC Arbitrations Seated in Vienna, Austria*, 88（3）The International Journal of Arbitration, 437-463（2022）.

③ Adolf Peter, *Document Production, Late Evidence, Cross-Examinations and Witness Coaching in CIETAC Arbitrations Seated in Vienna, Austria*, 88（3）The International Journal of Arbitration, 437-463（2022）.

者按照互惠原则办理。中国于 1987 年加入了《纽约公约》，故《纽约公约》是处理与仲裁裁决的承认与执行有关问题的主要依据。

在承认与执行外国仲裁裁决的程序上，Olga Berzin 等指出，在中国，当事人无法对法院出具的承认与执行外国仲裁裁决的裁定进行上诉，且拒绝承认和执行外国仲裁裁决须经中华人民共和国最高人民法院批准。[①]Arthur Dong 和 Alex Dong 认为，中国法院倾向于支持外国仲裁裁决的执行，而且为防止下级法院滥用拒绝承认与执行外国仲裁裁决的权力，采取了关于拒绝外国仲裁裁决承认与执行的预先报告制度，即中级法院拟裁定拒绝承认和执行外国仲裁裁决的，必须先报请其上级法院批准；如果上级法院在审查案件后拟同意下级法院的意见，则须向最高人民法院报告，请求批准；只有在最高人民法院对案件进行审查后，中级法院才能对承认和执行作出裁定，且其裁定必须与最高人民法院的意见相一致。[②]这一制度也适用于港澳台裁决和境内作出的涉外裁决。

在拒绝承认与执行外国仲裁裁决的理由上，Arthur Dong 和 Alex Dong 通过分析 2001 年至 2021 年中国法院拒绝或驳回当事人承认和执行外国、中国香港地区、中国澳门地区、中国台湾地区仲裁裁决申请的 37 起公开案件，发现缺乏有效的仲裁协议和违反仲裁协议／仲裁规则／所在地的法律是导致中国法院拒绝承认和执行的两个主要原因。[③]同时，作者发现，中国法院在适用公共政策例外拒绝承认与执行外国仲裁裁决方面非常谨慎，仅在 Wicor Holding AG v Taizhou Haopu Investment Co., Ltd. 案[④]中因为承认与执行仲裁裁决会违反中国的公共政策而拒绝承认与执行，在 Hemofarm DD v Jinan Yongning

---

[①] Olga Berzin, Evgeniia Shliagina & Liu Ying, *A Comparative Analysis of the Legal Regulation of International Commercial Arbitration in Russia and Mainland China*, 3 BRICS L.J. 4–38（2022）.

[②] Arthur Dong and Alex Dong, *An Empirical Study on Recognition and Enforcement of Foreign, Hong Kong, Macau, and Taiwan Arbitral Awards in Mainland China*, 39（3）Journal of International Arbitration, 491–517（2022）.

[③] Arthur Dong and Alex Dong, *An Empirical Study on Recognition and Enforcement of Foreign, Hong Kong, Macau, and Taiwan Arbitral Awards in Mainland China*, 39（3）Journal of International Arbitration, 491–517（2022）.

[④] 《最高人民法院关于不予执行国际商会仲裁院第 18295/CYK 号仲裁裁决一案请示的复函》，（2016）最高法民他 8 号。

Pharmaceutical Co., Ltd. 案① 和 Zhongxing Automobile Co., Ltd. V Automotive Gate FZCO 案② 中拒绝承认与执行的理由除了包括公共政策因素之外，同时也涉及缺乏有效的仲裁协议或裁决事项超出仲裁庭的管辖范围。另外，中国法院也会因为执行申请人未能证明被申请人在仲裁过程中收到了恰当的通知、执行申请人未能证明被申请人在该法院管辖区内存在财产或执行申请人未在《民事诉讼法》所规定的时间内申请承认与执行外国仲裁裁决等理由拒绝承认与执行外国仲裁裁决的理由。

五、投资仲裁相关问题

投资仲裁问题依然是 2022 年讨论的焦点。随着中国对外直接投资水平的不断提高，尤其是"一带一路"倡议下产生的大量跨境交易和项目，难免出现投资者与投资国之间的商业纠纷。中国投资者越来越意识到国际投资条约能为其提供实质性保护，而中国缔结的国际投资条约的演变也表明，中国政府越来越重视条约起草对中国对外投资保护范围的影响。③ 由于现行的投资者—东道国争端解决（ISDS）机制广受批评，改革呼声日益高涨，不少学者对此建言献策。

（一）中国在 ISDS 改革中的立场

在 Wenhua Shan，Sheng Zhang 和 Jinyuan Su 合编出版的《中国和"一带一路"倡议下的国际争端解决》一书的第三部分，国际投资争端解决中心（以下简称 ICSID）秘书长 Meg Kinnear 回顾了该组织的历史和作用，强调其在解决"一带一路"沿线地区投资者—国家争端方面的潜力，并进一步介绍 ICSID 修订后的程序规则。随后，Wang Peng 从促进效率、当事人自主权和节约成本的角度讨论了 ISDS 机制，分享了其对多边投资争端解决体系的设想，该体系的特点是缓和投资者与东道国之间以及国家与仲裁庭之间的紧张

---

① 《最高人民法院关于不予承认和执行国际商会仲裁院仲裁裁决的请示的复函》，(2008) 民四他字第 11 号。

② 申请人盖特汽车自由贸易区公司、埃及盖特汽车制造公司等与被申请人河北中兴汽车制造有限公司申请认可和执行香港特别行政区仲裁裁决案，(2015) 鄂宜昌中民认字第 00002 号。

③ Uliana Cooke & Jean Zhu, *International Arbitration for Chinese Parties: Overview, Trends and Predictions*, 16 (2) Romanian Arbitration Journal, 48–61 (2022).

关系。①

Zhu Zihan 则主要讨论中国在多路径、多模式、多形式的 ISDS 机制改革中的立场和应对措施。首先，本文回顾了中国的 ISDS 实践，认为在何种投资争端可以提交国际仲裁方面，中国的条约设计经历了严格限制、有限同意和全面放开三个不同阶段，并且现阶段中国对 ISDS 机制的态度已经从消极变为积极。接着，作者通过对 7 个中国作为东道国的案件和 14 个中国作为投资者母国的案件的分析，认为中国涉及的案件总体数量不多，但从案件数量上看，近年来有快速增长的趋势。特别是 2020 年以来，无论是中国投资者基于 ISDS 机制寻求海外投资保护，还是外国投资者利用 ISDS 机制对我国政府提起仲裁，与中国相关的案件数量明显增加，这需要引起中国政府的注意，做好应对准备。同时，超过一半的投资仲裁案件是基于老一代双边投资条约（以下简称 BITs），而由于我国老一代 BITs 措辞宽泛，虽然严格控制了 ISDS 机制的使用，但模糊的语言要求仲裁庭对条约进行解释，然而这种解释行为容易造成解释不一致的情况，从而损害投资仲裁的权威。在涉及中国的 21 个案件中，大部分案件是围绕仲裁庭的管辖权展开的，并且 70% 的案子为 ICSID 仲裁。②

作者认为从身份需求、立法需求和使用需求方面来说，中国应当积极参与 ISDS 改革。中国实施"走出去"战略后，开始积极利用外资发展本国经济，成为世界前列的外资流入国。而随着"一带一路"倡议的提出，中国投资者开始积极参与国际投资活动，使得中国成为世界前列的对外投资国。作为东道国，中国应在维护国家主权的前提下，为外国投资者提供有竞争力的投资保护和优质的投资环境。作为投资者的母国，中国也应积极为中国投资者争取国际法律保护。另外，由于"一带一路"倡议沿线国家缺乏完善的法律体系，投资风险大，中国若广泛深入地参与国际法律体系的改革，会给国内投资者带来切实的保护和好处。在国际投资协定改革的背景下，中国应抓住机遇，积极参与和制定新的国际投资规则，在塑造新的国际投资规则中拥有话

---

① Arthur（Xiao）Dong, *Book Review*: *China and International Dispute Resolution in the Context of the 'Belt and Road Initiative'*, 24（3）Asian Dispute Review, 150–152（2022）.

② Zhu Zihan, *China's Stance and Participation in the ISDS Reform*, 3 Found. L. & Int'l Aff. Rev. 162–193（2022）.

语权并争取主导权。鉴于中国既是投资接受国，也是对外投资者的母国，未来使用 ISDS 机制的机会不会少，为此，中国应为这类仲裁做好准备。①

作者认为，中国应该选择渐进式改革方案，但在保持和提升现有 ISDS 机制的基础上，也应从长远角度出发，积极探索 ISDS 机制的多边改革路径，建立"一带一路"倡议争议解决机制。同时，作者认为，有效的 ISDS 改革必须涉及国际投资协议（International Investment Agreements，IIAs）实体规则的改革，只有实质改革 IIAs 才可能形成相对一致的法律框架，ISDS 改革才能有相对一致的法律依据。同时，在 ISDS 机制的改革中必须坚持"程序即实质"的理念，摆脱"先程序后实质"的陈旧观念。中国的国际投资协定改革需考虑内容和制度两个方面。从内容上看，应完善国际投资协定中的投资规则，设计自己的双边投资协定模式，以指导国际投资协定的缔约实践。从制度上看，需要完善自己的国际投资协定网络，尽快与未签订 BITs 或 IIAs 的国家建立投资保护规则。在国际投资法改革和"一带一路"倡议的背景下，作为具有双重身份的投资大国，应积极参与 ISDS 机制的改革，提高在全球投资领域的话语权，成为规则制定者的领导者，回应世界对中国的关注和期待。②

（二）中美贸易战背景下香港特别行政区 ISDS 改革

鉴于香港特别行政区数十年独特地位的法律制度，以及中美贸易战的明显外溢效应，香港特别行政区在国际法院和法庭的法律地位产生了新的实践和理论意义。

Julien Chaisse 和 Xueliang Ji 首先回顾了香港特别行政区参与 WTO 争端解决的情况，指出香港作为世贸组织的创始成员之一，应当接受乌拉圭回合谈判达成的所有权利和义务，其中也包括 1994 年《关于解决争端的规则和程序的谅解》。同时，香港也是《多方临时上诉仲裁安排》（Multi-Party Interim Appeal Arbitration Arrangement，MPIA）的参与成员。③

---

① Zhu Zihan, China's Stance and Participation in the ISDS Reform, 3 Found. L. & Int'l Aff. Rev. 162-193（2022）.

② Zhu Zihan, China's Stance and Participation in the ISDS Reform, 3 Found. L. & Int'l Aff. Rev. 162-193（2022）.

③ Julien Chaisse & Xueliang Ji, Hong Kong's Participation in International Dispute Settlement: Deviations from Conventional Sovereignty, 17 Asian Journal of WTO & International Health Law and Policy, 287-329（2022）.

随后，作者分析了在中美两国经济、外交和地缘政治关系不断恶化的背景下，对香港经济主权的影响。以往香港特别行政区依据1992年《美国—香港政策法》，在与美国的贸易和商业往来中享受区别于中国内地的特殊待遇。但在未来香港特别行政区可能会面临来自美国更大的挑战和制裁，从而导致更多贸易争端。尤其在中国制定《香港特别行政区维护国家安全法》后，美国商务部于2020年6月29日取消了香港特别行政区的特殊地位。其主要后果包括未来在香港制造并运往美国的商品将需要标记为"中国制造"，同时也可能对香港出口产品进一步征收已经对中国内地出口产品征收的额外关税。由于香港特别行政区的特殊地位是由世贸组织成员集体决定的，美国商务部采取的撤销措施涉嫌违反其在世贸组织协议下的义务，香港特别行政区于2020年10月决定对美国的部分措施提出质疑。对此，作者强调香港应当积极利用好WTO作为国际争端解决机制的平台以应对美国的挑战。

在投资争端解决机制方面，ISDS在香港的国际争端解决战略中的重要性凸显。香港不再享有对美贸易的优惠待遇可能会对香港的经济活动产生负面影响，从而影响其实体产业和外国投资者。对此，作者建议香港投资者可以战略性地选择利用双边投资协定，特别是利用BITs中的ISDS条款的保护来分散其对外投资，从而降低香港投资者对美国的依赖。[1]

在解决避免双重征税协定项下的涉税争议方面，当前的中美关系也会影响香港对税收争端解决机制的使用。根据中美避免双重征税协定，如果发生税收纠纷，将适用相互协商程序（Mutual Agreement Procedure，MAP）。然而，鉴于中美关系等政治因素，沟通效率可能较低，MAP的有效性无法得到保证。同时，由于中美避免双重征税协定中没有强制仲裁条款，相关税收纠纷可能无法解决。作者建议香港应在避免双重征税协定中采用强制仲裁，以更好地保护外国纳税人，提高涉税争议解决机制的效率，创造更有利的环境来吸引外国投资。[2]

---

[1] Julien Chaisse & Xueliang Ji, *Hong Kong's Participation in International Dispute Settlement: Deviations from Conventional Sovereignty*, 17Asian Journal of WTO & International Health Law and Policy, 287–329（2022）.

[2] Julien Chaisse & Xueliang Ji, *Hong Kong's Participation in International Dispute Settlement: Deviations from Conventional Sovereignty*, 17Asian Journal of WTO & International Health Law and Policy, 287–329（2022）.

（三）全球化背景下的投资仲裁与生态环境保护

在全球化的背景下，属于不同法律体系的当事人往往将国际仲裁视为一种具有成本效益、灵活保密且公正可行的争议解决方式。Andrea Colorio 探讨了中国在全球化背景下的投资者与东道国仲裁、人权和消费者保护之间的相互联系。作者首先回顾了中国参与双边投资条约的历史，并表示中国新近签订的投资条约，特别是中日韩投资条约以及中加双边投资条约，在投资相关事项上表现出自由主义的立场，显示了中国促进海外投资的倾向，以及对投资相关事项公开仲裁的积极态度。

随后，作者谈及中国近年来越发重视生态文明建设，并重点关注了在生态环境特别是水资源投资领域出现的投资者与东道国的仲裁争议，其中涉及人权和消费者公共利益、强制许可和征收等一系列问题。对此，Andrea Colorio 表示正确平衡公共和私人利益，将是未来几年中国面临的一个关键问题，东道国需要构建和明确环境保护和消费者权益保障的相关监管政策，通过对外国投资者的充分保护来促进和保障外商投资。①

六、中国与国际争议解决机制

为共建"一带一路"，中国与其他参与国家和国际组织签署了一系列不同的谅解备忘录以适应各国实际情况、满足不同发展需求。随着"一带一路"沿线国家间商业活动的增加，跨国争端也逐渐增多，为此，中国正努力构建包括仲裁、调解、诉讼在内的多元化争议解决机制以满足不同国际交易参与者的争议解决偏好。

（一）"一带一路"倡议多元化争议解决机制

Matthew S Erie 基于"一带一路"国际研究院（the International Academy of the Belt and Road, IABR）《"一带一路"争端解决机制研究（2016 年）》，以及 Weixia Gu, Zhiqiong June Wang 和 Jianfu Chen 的两部关于中国国际商事

---

① Andrea Colorio, *Investor-State Arbitration, Human Rights, and Consumer Protection: China's New Challenges in an Era of Globalization*, 88 (1) Arbitration: The International Journal of Arbitration, Mediation and Dispute Management, 61–81 (2022).

争端解决的著作，①较为系统地评估了"一带一路"争议解决机制。②鉴于"一带一路"沿线司法管辖区法律和文化的多样性，为保障跨境贸易的顺利进行，建立以中国为中心的地缘经济秩序，中国提出了构建包括调解、仲裁和诉讼的多元化争端解决机制。对此，作者表示中国日益增长的争端解决能力将会影响全球治理发展。

从政策制定者和条约起草者的角度来看，中国多元化国际争议解决机制的可行性不仅取决于其所属机构的内部效率，还取决于国际关系和外交的现实政治。从争议解决从业者的角度来看，中国作为仲裁地、法院执行外国仲裁裁决和判决以及中国法律作为准据法等问题均可能影响合同订立和起草的决定。

此外，从多元化争议解决机制发展的角度，诸多作者进一步探讨了不同争议解决机制在中国的发展。

1. 仲裁前替代性争议解决制度的建设

仲裁前替代性争议解决机制（ADR）为当事人提供了友好解决争端的方案，避免了后续的仲裁费用和时间成本，因此被认为是一种具有商业吸引力的争议解决方法。

Yue Zhao 讨论了 ADR 在中国仲裁语境中的实践，例如，将谈判（negotiation）、调解（mediation）、和解（conciliation）和专家裁决（expert determination）作为仲裁开始前必须完成的强制性程序。作者指出尽管 ADR 最终旨在促进争议解决，但其本身可能会在仲裁程序中引发争议，并导致在仲裁裁决撤销和执行阶段对仲裁裁决的合法性和可执行性产生影响。③ 其主要争议包括，仲裁前 ADR 结果是否具有约束力和可执行性；遵守仲裁前 ADR 是否构成仲裁协

---

① 笔者注：该文对"一带一路"争议解决机制的三部著作进行综述评论，其中一篇研究报告为 the International Academy of the Belt and Road, *Dispute Resolution Mechanism for the Belt and Road*（2016），另外两部著作为 Weixia Gu, *Dispute Resolution in China: Litigation, Arbitration, Mediation, and Their Interactions*, London, New York: Routledge, （2021）以及 Zhiqiong June Wang and Jianfu Chen, *Dispute Resolution in the People's Republic of China: The Evolving Institutions and Mechanisms*, Brill,（2019）。

② Matthew S Erie, *Mapping the Cosmopolitan Legal Imaginary: Recent Chinese Scholarship on Dispute Resolution*, 70（1）The American Journal of Comparative Law, 210–221（2022）.

③ Yue（Sophie）Zhao, *Pre-arbitration ADR Requirements: A Chinese Perspective*, 24（2）Asian Dispute Review, 88–95（2022）.

议成立的先决条件；如果当事人不遵守其结论，是否可以在仲裁裁决的撤销和执行中对其进行司法审查。

对此，作者建议当事人在争议解决条款的撰写中为仲裁前 ADR 设置时限。同时，如果仲裁地或执行地在中国，仲裁庭应谨慎审查当事人是否遵守了仲裁前 ADR 要求，以避免仲裁裁决在司法审查中的争议。当前中国法院在审查当事人不遵守仲裁前 ADR 要求的争议的实践不甚一致，因此，立法者应当重新评估法院对 ADR 的司法审查合理性及尺度，并对仲裁庭管辖权和案件可受理性进行更细致的区分。①

2. 仲裁与人民调解机制

中国立法和司法实践均强调人民调解在解决纠纷中的重要性。人民调解是一种以社区为基础的纠纷解决形式，在中国历史上具有悠久的传统。人民调解与其他类型的调解，如司法调解和仲裁调解，有显著区别。例如，从人员组成来看，人民调解一般由基层社区调解员主持，而非法官或仲裁机构。②

Douglas Bujakowski 通过 32 年（1985—2016 年）中国统计年鉴数据库公布的 24 个省的调解数据探讨可能影响人民调解率③发展的各种因素，以评估和解释人民调解制度的衰落和复兴。④研究结果表明，立法改革、潜在纠纷数量、经济发展和人口结构变化与人民调解率有显著相关性，即人民调解率与调解制度改革和纠纷数量呈正相关，但与城市化水平提高和受教育程度的增长呈负相关。同时值得注意的是，作者在研究中并没有发现诉讼对人民调解具有替代效应的相关证据。该研究结果旨在通过对与人民调解率相关因素的分析，更准确地预测人民调解制度的变化发展，更好地帮助政府及相关部门制定公共政策。

3. 涉外商事诉讼制度

目前，国际商事纠纷主要通过仲裁、调解和诉讼三种方式解决。Sara Zokaei

---

① Yue（Sophie）Zhao, *Pre-arbitration ADR Requirements：A Chinese Perspective*, 24（2）Asian Dispute Review, 88-95（2022）.

② Douglas Bujakowski, *The Decline and Resurgence of People's Mediation in China：An Empirical Analysis of Chinese Provinces*, 17 Journal of Law, Economics & Policy, 1-24（2022）.

③ 笔者注：文章中人民调解率是指每万人中人民调解的案件数。

④ Douglas Bujakowski, *The Decline and Resurgence of People's Mediation in China：An Empirical Analysis of Chinese Provinces*, 17 Journal of Law, Economics & Policy, 1-24（2022）.

指出，《纽约公约》和《新加坡调解公约》分别为商事仲裁和调解提供了公平性和可预测性的法律保障，但对于偏好使用诉讼解决纠纷的跨国活动参与者来说，中国的涉外商事诉讼制度仍需进一步完善，使得判决具有公正性、可预见性和可执行性。[1]Sara Zokaei认为，虽然最高人民法院正在通过设立国际商事法庭、发布指导案例以及更积极地适用互惠原则承认和执行外国判决等措施提高涉外判决的公正性和一致性，但目前司法实践中仍存在不少不利于通过诉讼手段解决国际民商事纠纷的因素。一方面，若纠纷当事人选择向中国的国际商事法庭提起诉讼，由于《最高人民法院关于设立国际商事法庭若干问题的规定》中对国际商事法庭的管辖范围以及如何适用域外法律的规定较为模糊，加之指导案例不具有强制力，使得法官可能因其自由裁量权而出现同案不同判的现象。另一方面，若纠纷当事人选择向外国法院提起诉讼，当其需要在中国申请承认与执行外国法院判决时，由于中国主要依据互惠原则承认与执行外国判决，且申请承认与执行的程序和批准条件并不明确，故外国判决能否最终获得中国法院的承认与执行难以预测。此外，保证中国法院判决不受腐败和政治干涉的影响也是一项挑战。作者认为，中国要想实现"营造稳定、公平、透明、便捷的法治化国际营商环境"的承诺，并在国际秩序中保持可信的声誉，就必须解决现存涉外诉讼过程中的不确定性和不一致性，为诉讼当事方提供公平、透明、可预测的法律保障。

Shun-Hsiang Chen也关注到中国承认与执行外国判决的问题，并认为随着国际交易的不断增加，仅依靠仲裁解决国际争端已无法满足现实需求，中国应当签署并批准2019年海牙《承认与执行外国民商事判决公约》，依托该公约建立更清晰透明的承认与执行外国法院判决的规则，助力"一带一路"的建设。[2]

4. 专门法院的设立

目前，中国已经在金融、知识产权、互联网和国际商事等领域建立了专门法院。Mark Jia认为，专门法院的建立是中国的全球战略影响国内法治发展的具体体现，并能带来至少三项好处：一是在具有战略重要性的领域通过更专

---

[1] Sara Zokeai, *Dispute Resolution Commercial Transactions Along the Belt and Road: Creating Fair and Consistent Judgments*, 73（2）Hastings Law Journal, 559-584（2022）.

[2] Shun-Hsiang Chen, *Signed, Sealed, & Undelivered: Unsuccessful Attempts of Foreign Judgment Recognition Between the U.S. and China*, 16 Brook. J. Corp. Fin. & Com. L. 167-189（2022）.

业的纠纷解决方案吸引全球资本、刺激国内创新、影响世界标准；二是在特定领域的审判过程中降低政治因素的干扰；三是通过专门法院的专属管辖权提高判决的一致性，减少地方保护主义对判决结果的影响。作者探讨了专门法院程序更高效、人员更专业、判决更一致的优点，同时也指出其在发展过程中需要注意的一些方面，比如，专门法院可能因为过于专注某一领域而失去"通识视角"，导致该领域的审判标准与其他类似领域的标准不一致；专门法院的判决虽然能达到高度的一致性，但可能会失去通过不同判决探索更好政策和规则的可能性；专门法院中法官的发展可能比不上普通法院中的法官。[1]

（二）国际争议解决机构的新动向

1. 全球仲裁机构的现状

Michael I. Green 以经济学中的结构—行为—绩效（Structure-Conduct-Performance，SCP）范式为蓝本，通过对公开的国际仲裁机构年度报告中的数据进行分析，研究国际商事仲裁行业背后的经济状况。作者发现，国际仲裁行业展现出寡头行业的特征，其头部机构为国际商会、中国国际经济贸易仲裁委员会（以下简称贸仲）、伦敦国际仲裁法庭、新加坡国际仲裁中心和香港国际仲裁中心。国际仲裁机构的行为既有营利性企业的特征也有非营利性组织的特点。国际仲裁机构会如营利性企业一般，通过专业化和国际扩张来区分其提供的产品和服务，它们也会如非营利性机构一样，在不同仲裁机构间建立合作，不主要利用价格优势进行竞争，并会合作建立程序以来增加仲裁的多样性。总体而言，国际仲裁行业运营良好：一方面，仲裁机构可以创造足够的收入维持机构的运转；另一方面，行业内的多样性正被不断提高，行业的非财务目标也得以完成。最后，作者根据高度集中的国际仲裁市场最终通过机构间的合作形成了全球性的国际仲裁架构这一发现，提出国际仲裁机构可以与国际商事法院进行合作，最终促进全球综合争议解决框架的建立。[2]

此外，Michael I. Green 特别指出，评估贸仲在国际仲裁行业中的地位很复杂，虽然作者没有找到一份英文资料将贸仲作为商事仲裁的首选机构，但贸仲的市场规模仅次于国际商会，位列全球第二。作者认为，贸仲的高案件

---

[1] Mark Jia, *Special Courts, Global China*, 62 Va. J. Int'l L. 559–622（2022）.

[2] Michael I. Green, *Crowded at the Top: An Empirical Description of the Oligopolistic Market for International Arbitration Institutions*, 31（1）Minnesota Journal of International Law, 281–322（2022）.

量主要源自中国当事人在仲裁条款选择上的强大议价能力,并且考虑到国际商务中的中国合同数量庞大,贸仲可能威胁到国际商会在国际仲裁行业中的主导地位。但同时作者也指出,非中国籍的当事人对选择贸仲仍存在顾虑,加之香港国际仲裁中心和其他机构的竞争,中国内地仲裁机构的国际仲裁案件正在减少。①

2. 国际商事法院在亚洲地区的发展

在过去的十年中,亚洲越来越多地建立了国际商事法庭,他们的崛起可能会重塑国际商事争议解决的格局。Weixia Gu 和 Yi Tang 将迄今设立的六个亚洲国际商事法庭分为三类,并系统地比较了每一类法院的特点。第一类是位于中东和中亚的四个国际商事法庭,分别是迪拜国际金融中心法院(the Dubai International Financial Centre Court, DIFC, 阿联酋迪拜)、阿布扎比全球市场法院(the Abu Dhabi Global Market Court, ADGMC, 阿联酋阿布扎比)、卡塔尔国际法庭和争端解决中心(the Qatar International Court and Dispute Resolution Centre, QIC 或 QICDRC, 卡塔尔)和阿斯塔纳国际金融中心法院(the Kazakhstan Astana International Financial Centre Court, AIFC, 哈萨克斯坦阿斯塔纳),其特征是都位于特殊司法管辖区或经济特区,都任命了外国籍法官,并且这些国际商事法庭的判决基础多依据普通法系,区别于主要基于大陆法系的国内法传统。第二类是新加坡国际商事法庭(the Singapore International Commercial Court, SICC),作者认为在亚洲所有的国际商事法庭中,SICC 是最具竞争力或最成功的,其原因在于 SICC 的目标市场更广阔,同时享有政府的大力支持,具有国际多元化的法官组成和灵活的程序规则。第三类是中国国际商事法庭(the China International Commercial Court, CICC),与其他国际商事法庭相比,CICC 专门服务于中国"一带一路"倡议下的争议解决,机制设计更为保守,虽没有引入外籍法官,但 CICC 创新地通过国际商事专家委员会机制,在一定程度上抵消了外界对 CICC 缺乏国际元素的质疑。②

在此基础上,作者总结了亚洲国际商事法庭的两个显著特征。首先,它

---

① Michael I. Green, *Crowded at the Top: An Empirical Description of the Oligopolistic Market for International Arbitration Institutions*, 31(1)Minnesota Journal of International Law, 281-322(2022).

② Weixia Gu & Yi Tang, *The New Wave of International Commercial Courts in Asia*, 24(4)Asian Dispute Review, 181-188(2022).

们的建立通常具有特定的地理位置和特定的地缘政治或经济动机。其次，亚洲国际商事法庭在很大程度上采用了一些创新特征，其中最值得注意的是将替代性争议解决要素纳入正式法庭程序。① 虽然亚洲的国际商事法庭都以审理复杂的国际商事案件为目标，但每个国际商事法庭都可能发展出自己的特点和定位。对于国际商事法庭与国际仲裁之间的竞争与合作，实质上反映了诉讼与仲裁的融合。作者认为不应当将国际商事法庭简单地视为国际仲裁的竞争者或替代者，国际商事法庭的发展可以更好地提供多元化的争议解决服务，从而扩充整个争议解决市场。

3. 仲裁机构及行业的发展

Lixin Chen 和 Nguyen Sinh Vuong 探讨了仲裁与经济发展之间的关系。作者通过梳理越南和中国仲裁发展的历史，以及对越南国际仲裁中心（the Vietnam International Arbitration Centre，VIAC）1993 年至 2019 年，中国国际经济贸易仲裁委员会 2014 年至 2019 年，北京仲裁委员会 2009 年至 2018 年三者受理案件数量和金额的定量和定性分析表明，仲裁发展与经济进程有着正相关关系。② 随着国家开放与全球经济增长，随之而来的是仲裁行业的扩张。一方面，国际仲裁通过其公正灵活且易于执行的争议解决方案吸引更多的外国投资。另一方面，经济发展带来更多的经济活动，进而提高纠纷的发生概率，从而增加了仲裁作为纠纷解决机制的需求。以中国的"一带一路"倡议为例，随着中国开始在其他国家投资，仲裁作为多元化争议解决方式的一种也将越来越受到欢迎。最后，作者也积极预测，随着国内层面越南和中国的经济增长，以及国际层面新冠疫情大流行的结束，两国仲裁行业的发展将上升到一个新高度。

（三）商事主体选择争议解决方式的考量因素

1. 在美中国企业选择仲裁的因素

改革开放后，中国企业的纠纷解决方式发生了很大的变化，国内选择仲裁解决纠纷的案件数量成倍增长，选择国际仲裁机构解决纠纷的中国企业数

---

① Weixia Gu & Yi Tang, *The New Wave of International Commercial Courts in Asia*, 24（4）Asian Dispute Review, 181-188（2022）.

② Lixin Chen & Nguyen Sinh Vuong, *Rising Giants: Charting the Growth of Arbitration in Vietnam and China*, 18（1）Asian International Arbitration Journal, 21-62（2022）.

量也不断增多。对于在外国的中国企业如何选择纠纷解决方式的问题，目前缺少实证研究，Ji L & Carrie Menkel-Meadow 的研究填补了这一空白。作者通过问卷的方式调查了 213 家在美国经营的中国公司，询问其商事合同中是否包含仲裁条款，以及如果包括仲裁条款，首选的仲裁国家是美国、中国还是第三国。作者发现，在 168 份有效问卷中，67.8% 的中国企业在合同中加入了仲裁条款，其中 84 家企业首选仲裁地为美国，并表示他们认为美国的仲裁体系成熟、方便且高效。对于没有在合同中加入仲裁条款的公司，作者提出了两种解释：一是这类企业更愿意就最佳的纠纷解决方法进行逐案分析和决策，在合同中加入仲裁条款会使他们失去逐案选择纠纷解决方式的灵活性；二是在美国的管理者受其母国公司的影响未认识到仲裁的价值，因此在谈判和起草合同时并未考虑仲裁条款。①

作者进一步对不同的变量进行回归分析，发现六个因素与当事人选择在合同中加入仲裁条款存在显著关联性。这六个因素是：其一，越关注法律费用越倾向于在合同中纳入仲裁条款；其二，聘用了美国法律服务团队的中国公司更有可能选择通过仲裁解决纠纷；其三，认为美国法院公正的中国公司更有可能选择以仲裁的方式解决纠纷；其四，越不熟悉美国法律体系的公司越有可能选择仲裁；其五，不同行业对仲裁的选择存在明显的差异，传统上"抗拒仲裁"的行业，如金融和保险业的中国公司实际上更倾向于在其美国的商业合同中加入仲裁条款；其六，以前在美国法院打过官司的中国公司不太可能在其商业合同中加入仲裁条款。虽然，以上六个因素在作者的研究中呈现出影响仲裁选择的统计学特征，但作者在讨论这些结论时也给出了其他解释，作者似乎对回归分析的结果存在一定的怀疑。另外，作者也指出虽然企业性质（国有企业或者私企）、企业在美国的收入规模、美国法律系统复杂性和文化障碍在此次的分析中对仲裁选择的影响不显著，但仍有讨论价值。

2. 香港地区建筑行业适用审裁程序（Adjudication）的因素

Ying Ngai 关注了香港地区建筑工程纠纷解决适用审裁程序的情况。② 作

---

① Ji L & Carrie Menkel-Meadow, *Dispute Process Choices Among Chinese Companies in the United States: Some Preliminary Data and Analyses*, 27 Harv. Negot. L. Rev, 295-335（2022）.

② Ying Ngai（Eric）Hong, *Do those Textbook Examples of the Pros and Cons of Adjudication Necessarily Apply to the Hong Kong Construction Industry?*, 24（2）Asian Dispute Review, 82-87（2022）.

者首先总结了香港建造业的三大特点,即广泛使用分包制度、付款纠纷屡见不鲜以及高度国际化的行业团队。随后,作者进一步归纳了审裁程序的优点和缺点。关于审裁的优点,作者指出:第一,审裁具有快速和高效的特点,有助于缩短整个争议解决过程。第二,由于审裁程序允许当事人在项目进行过程中申请裁决,无须等到整个项目结束,因此可以在争端发生时将争端扼杀在萌芽状态,从而防止日后仲裁或诉讼的发生。第三,当事人可以根据审裁员的特点自主选择合适的审裁员。第四,审裁较正式的诉讼庭审程序更为灵活便捷。第五,审裁注重保护当事人的隐私,对于看重争议解决私密性的上市公司和大型承包商尤其重要。第六,审裁通过书面形式作出裁决,有助于增强裁决的确定性和易理解性。同时,作者也列明了审裁的三个缺点:第一,在较短的审裁时间内,审裁员很难仔细查验所有证据和主张。第二,申请人可能在开庭审理前采取短期内提供大量文件的方式,导致被申请人缺乏足够时间准备。第三,通常裁决可分为合同审裁和法定审裁两类,而仅基于当事人合同条款的合同审裁在承认与执行过程中会遇到对方不配合的情况,因此在实践中被认为是不可行的。

最后,Ying Ngai 认为香港审裁程序不同于其他外国司法管辖区,原因如下:第一,建筑业审裁需涉及多领域专业人士,香港特区政府并没有为审裁员提供一个集中的认证系统,当事人可能难以找到合适的人选来裁决其纠纷。第二,由于香港建筑业审裁员人选少,造成审裁程序费用较高。第三,由于香港建筑业的国际化特性,审裁过程中可能会遇到各方当事人来自不同法律文化背景带来的困难。[1]因此,香港的审裁程序发展应当充分考虑地区和建筑工程行业特点,为当事人提供更为公正便捷的多元化争议解决方案。

七、仲裁与人工智能

新冠疫情期间,传统的现场审理和邮寄送达受到了极大的影响,恰逢此时,飞速发展的网络科技及人工智能技术开始被应用于多元化的争议解决机制中。一方面,中国的仲裁程序已经开始了数字化进程。如 Kun Fan 所指出,中国的一些仲裁机构已经采用在线仲裁规则或发布了虚拟审理指南。2021 年

---

[1] Ying Ngai(Eric)Hong, *Do those Textbook Examples of the Pros and Cons of Adjudication Necessarily Apply to the Hong Kong Construction Industry?*, 24(2)Asian Dispute Review, 82-87(2022).

《征求意见稿》中也明确允许仲裁程序可以在线进行或仅通过文件进行，并在质证方式和送达方式方面提供了更大的灵活性，支持在线仲裁的发展。①

另一方面，人工智能技术也逐渐渗透进仲裁的方方面面。Mingchao Fan 等认为，② 人工智能技术一是能显著提高仲裁相关人员处理文书、搜索判例等工作的效率，助其节省重复工作的时间，并提供相关技能提升的服务；二是也能提高仲裁裁决的准确性和一致性。更成熟的人工智能技术可以通过强化学习获得决策预测的能力，并基于大数据分析评估当事人的胜诉概率，某些技术甚至能够根据先例对法官或仲裁员的倾向作出预判，从而影响选择仲裁员的过程。但是，在仲裁中适用人工智能技术可能面临正当程序、意思自治、保密制度、仲裁员的作用及仲裁灵活性降低等方面的挑战。在正当程序方面，人工智能技术通过简单地重复之前的决定，倾向于采取更保守的方式来解决争议，而非提出创新性的解决方案。对此，作者认为，人工智能技术应当在收集先例、解释案件之间的异同方面为仲裁员提供帮助，而不应当取代仲裁员对案件进行推理或作出最终的仲裁裁决。在保护当事人自主权方面，人工智能算法的合法性与合理性是尊重和保障当事人的自主权基础，而仲裁机构对使用人工智能技术的规范和管理是保障当事人的必要手段。在保密性方面，作者认为与仲裁有关的数据可以通过由仲裁机构自行上传的方式获得，而上传信息前仲裁机构可以对敏感信息进行预处理，以保证当事人信息和案件细节不被泄露，另外，让涉案的技术人员签署保密协议也可以作为保障仲裁保密性的重要手段。作者甚至提出，人工智能可能发展出取代人类法官的能力，但由于其难以获得人类从事法官职业的权利，故很难有机会成为法官。总的来说，作者认为应当积极探索人工智能技术在仲裁中的应用，如通过提高仲裁规则与远程审理、电子送达的兼容性，优化仲裁程序规则，或通过建立全面的案件数据库，提高办案效率、确保数据和信息安全等。

---

① Kun Fan, The 2021 Proposed Amendments to the Arbitration Law of China: A New Era of Arbitration?, 3 ICC Dispute Resolution Bulletin, 21–25（2022）.

② Mingchao Fan, Ruian Guo & Dixin Deng, *Artificial Intelligence and Arbitration in China: Where Do We Come From? Where Are We? Where Are We Going?* 16（1）Dispute Resolution International, 29–43（2022）.

八、结语

　　本文所归纳总结的英文文献从不同角度出发，探讨了中国仲裁与国际争议解决中的各类理论和实务问题。这些研究展现了中国仲裁与国际争议解决的新发展，体现出在保有中国制度特色的同时，推动中国仲裁与国际仲裁立法和实践相接轨的趋势。随着 2021 年《征求意见稿》的发布，学界和实务界相关从业者对此进行了广泛讨论，分析了新规范的修订亮点和未来趋势，并结合国际仲裁领域的立法和司法经验，提出了进一步修改完善建议。在仲裁的程序问题上，对于法律适用问题和证据相关问题等传统关注重点，许多学者从不同国家和地区的比较法视角提出了新见解。同时，关于仲裁裁决的承认与执行，拒绝裁决的理由和司法审查制度仍然是未来仲裁工作开展的重点。从中国与国际争议解决机制的宏观层面看，中国作为具有双重身份的投资大国，应当积极参与 ISDS 机制改革，建立和完善"一带一路"多元化纠纷解决机制，提高在全球投资领域的话语权，成为规则制定者的领导者。最后，面对人工智能技术的发展，仲裁作为国际范围内广泛接受的争端解决方式，应当如何应对新变化适应新趋势将是未来中外学者和实务界人士值得关注的议题。综上，这些英文文献从中外仲裁法律制度和司法实践展开，为进一步的理论研究和实务发展提供了基础，对促进中国仲裁和争议解决市场的发展具有相当的参考意义。

商事仲裁程序"异议权放弃"规则的应用及审视

——以我国司法监督仲裁实践为视角

陈 聪 刘文鹏[*]

- **摘 要**

"异议权放弃"作为商事仲裁的一项重要规则,彰显了尊重当事人意思自治、体现诚信原则及仲裁程序效率等价值,具有维护仲裁裁决稳定性的效用。从近年来司法监督仲裁裁决的案例来看,"异议权放弃"规则未能充分发挥其制度效用,不同司法监督法院对于"异议权放弃"规则的认知和适用也存在差异。此外,实践中法院适用《仲裁执行规定》提出的"特别提示"要求偏离了制度初衷,该要求也与仲裁行业发展并不契合,有待后续法律修订或者规则改进作出调整。在当事人经有效送达但缺席仲裁的情况下,应为"异议权放弃"规则的适用留出空间,但也需注意与仲裁"程序公正"价值的协调与权衡,现有法律制度还需对此进一步考量和完善。

- **关键词**

异议权放弃 仲裁司法监督 特别提示 缺席仲裁

---

[*] 陈聪,法学硕士,北京天驰君泰律师事务所高级合伙人;刘文鹏,法学硕士,北京天驰君泰律师事务所顾问。

Abstract: "Waiver of Right to Object" is an important rule in commercial arbitration, which demonstrates the values of respecting party autonomy, reflecting the principle of good faith and the efficiency of arbitration procedures, and has the effect of maintaining the stability of arbitral awards. In the practice of people's courts' judicial review in commercial arbitration in recent years, the "Waiver of Right to Object" rule has not fully exerted its institutional effectiveness, and there are differences in the perception and application of the rule by different courts. In addition, the court's application of the "special reminder" requirement proposed in the Provisions of the Supreme People's Court on Several Issues concerning the Handling of Cases regarding Enforcement of Arbitral Awards by the People's Courts deviates from the original intention of the rule, and the requirement is not in line with the development of the arbitration industry, and needs to be adjusted in subsequent legal revisions. In the case where a party is validly served but is absent for the arbitration proceedings, space should be left for the application of the rule of "Waiver of Right to Object", but attention should be also paid to the coordination and balance with the value of "procedural fairness" and "procedural efficiency" of arbitration, and the existing legal system needs to be further considered and improved.

Key Words: waiver of right to object, judicial review of arbitration, special reminder, default arbitration

在商事仲裁领域，程序"异议权放弃"规则是一项国际通行做法。我国现行立法层面虽未明确规定，但在司法解释、仲裁规则等实务维度实质确立了该规则。该规则在制度设计层面对于仲裁行业发展具有明显积极意义。然而，其在司法实践中的具体应用问题（如人民法院对于"异议权放弃"规则的适用情况如何；"异议权放弃"规则是否发挥了实质效用；司法解释要求的"特别提示"是否契合仲裁实践发展；当事人缺席仲裁程序的情况下，能否适用"异议权放弃"规则；在考虑和适用"异议权放弃"规则时，各方主体有何可注意之处），不乏争议和讨论空间。鉴于此，本文拟结合近年来司法监督仲裁裁决实例的情况，试予分析。

有必要说明的是，"异议权放弃"一般涉及管辖权异议权和仲裁程序异议权两个方面。对于前者，我国《仲裁法》及司法解释对其行使规则及法律后果予以明确规定；后者的法律规则不甚完善，涉的情况也较为复杂，因而本文所涉分析，聚焦于仲裁程序的异议权放弃。

一、"异议权放弃"的制度价值及效用

在商事仲裁过程中，当事人知道或者应当知道仲裁规则或仲裁协议中规定的任何条款或情事未被遵守，但仍参加或继续参加仲裁程序，且不对此不遵守情况及时提出书面异议的，视为放弃其提出异议的权利，这便是"异议权放弃"规则。该规则不仅常见于我国商事仲裁机构的《仲裁规则》中（如《北京仲裁委员会仲裁规则》第 3 条、《中国国际经济贸易委员会仲裁规则》第 10 条①等），也早被《联合国贸易法委员会国际商事仲裁示范法》②及域外商事仲裁机构的仲裁规则③确立，《中华人民共和国仲裁法（修订）征求意见稿》④中亦增设了该条款，足见该规则在商事仲裁领域的通行性和重要性。

"异议权放弃"规则于我国法律体系下也具有正当基础。我国《民法典》第 140 条规定："行为人可以明示或者默示作出意思表示。沉默只有在有法律规定、当事人约定或者符合当事人之间的交易习惯时，才可以视为意思表

---

① 《北京仲裁委员会仲裁规则》第 3 条规定："当事人知道或者理应知道本规则或仲裁协议中规定的任何条款或条件未被遵守，但仍参加或者继续参加仲裁程序且未对上述不遵守情况及时向本会或仲裁庭提出书面异议的，视为其放弃提出异议的权利。"《中国国际经济贸易仲裁委员会仲裁规则》第 10 条规定："一方当事人知道或理应知道本规则或仲裁协议中规定的任何条款或情事未被遵守，仍参加仲裁程序或继续进行仲裁程序或经有效通知无正当理由缺席审理，而且不对此不遵守情况及时、明示地提出书面异议的，视为放弃其提出异议的权利。"

② 可见《联合国贸易法委员会国际商事仲裁示范法》第 4 条。

③ 例如，《国际商会仲裁院仲裁规则（2021）》第 40 条、《新加坡国际仲裁中心仲裁规则（2016）》第 41.1 条、《联合国贸易法委员会仲裁规则（2021）》第 32 条、《斯德哥尔摩商会仲裁院仲裁规则（2023）》第 36 条等。

④ 司法部于 2021 年发布的《中华人民共和国仲裁法（修订）（征求意见稿）》第 33 条规定："一方当事人知道或应当知道仲裁程序或者仲裁协议中规定的内容未被遵守，仍参加或者继续进行仲裁程序且未及时提出书面异议的，视为其放弃提出异议的权利。"

示。""异议权放弃"便是以默示的方式放弃权利。当事人订立的仲裁条款所指向的仲裁机构规则中普遍存在的"异议权放弃"条款,应视作"当事人约定"。此外,我国现行仲裁法虽无"异议权放弃"的规定,但在一定程度上扮演法律补充角色的司法解释则明确了该规则,且《中华人民共和国仲裁法(修订)(征求意见稿)》也增设了该规则,故在"法律规定"层面,践行"异议权放弃"规则也不存在障碍。此外,我国民事诉讼实践也为仲裁"异议权放弃"规则提供了正当性支撑。《民事诉讼法》第13条[①]明确规定了诚信原则,"禁止反言"是诚信原则的具体体现,仲裁"异议权放弃"与诉讼"禁止反言"在规则构造及规范意义上具有趋同性。

我国仲裁机构在其仲裁规则中规定"异议权放弃"条款,其价值出发点在于:一方面体现尊重当事人意思自治的特点(当事人可以对自己享有权利予以放弃),另一方面也体现诚实信用原则和仲裁注重效率的特点(当事人放弃异议权后,不得作出相反意思表示,使得仲裁程序顺利推进)。[②]可见,尊重当事人意思自治、体现诚信原则及仲裁效率特点,是"异议权放弃"规则的制度价值。

笔者认为,在彰显制度价值之外,"异议权放弃"规则还具有维护仲裁裁决稳定性的实质效用。申言之,"异议权放弃"的效果不仅及于后续仲裁程序,当事人更不应在仲裁司法监督阶段再次提出,或者即便提出,也不应被人民法院支持。须知,仲裁裁决一旦被撤销或者不予执行,根据《仲裁法》第9条第2款之规定,当事人只能根据重新达成的仲裁协议申请仲裁,或者另行向人民法院起诉。在争议解决实务中,当事人互相配合或信任的基础已被打破,难以重新达成仲裁协议,如果仲裁裁决的效力被否定,当事人的权利救济几乎只得转于诉讼,这不仅会有损仲裁的公信力,也将进一步耗损当事人精力及司法资源。因此,如果当事人放弃了程序异议权,则后续不能据此再挑战裁决效力,从而维护仲裁裁决的稳定性。

---

① 《民事诉讼法》第13条规定:"民事诉讼应当遵循诚信原则。当事人有权在法律规定的范围内处分自己的民事权利和诉讼权利。"

② 参见《北京仲裁委员会仲裁规则释义》,载北京仲裁委员会网站,https://www.bjac.org.cn/news/view?id=2510,最后访问日期:2023年12月26日。

二、"异议权放弃"在司法监督仲裁实践中的具体应用

根据《仲裁法》第58条及《民事诉讼法》第248条之规定，"仲裁庭的组成或者仲裁的程序违反法定程序"是仲裁裁决被撤销或者不予执行的事由之一。值得一提的是，"仲裁程序违法"与"损害公共利益"事由不同，需要由当事人提出并且举证，这也说明当事人对于仲裁程序违法或者不当的异议权放弃，仅系影响自身，程序异议权属于当事人可放弃范畴。

程序异议权放弃的规则，在现行法律规定中并不涉及。最高人民法院于2018年公布的《关于人民法院办理仲裁裁决执行案件若干问题的规定》（以下简称《仲裁执行规定》）第14条第3款规定："适用的仲裁程序或仲裁规则经特别提示，当事人知道或者应当知道法定仲裁程序或选择的仲裁规则未被遵守，但仍然参加或者继续参加仲裁程序且未提出异议，在仲裁裁决作出之后以违反法定程序为由申请不予执行仲裁裁决的，人民法院不予支持。"该规定虽为规范人民法院办理仲裁裁决执行案件所制定，但因仲裁裁决的不予执行与撤销事由在"程序违法"问题的一致性，以及仲裁裁决撤销规则层面并无另行规定，法院在审查申请撤销仲裁裁决的实践中也将其作为规范依据。[1]

在审查当事人申请撤销或者不予执行仲裁裁决的司法实践中，人民法院对于程序违法"异议权放弃"规则的引述及适用，主要可分为以下三类情形：

第一类，并不存在或者无证据证明程序违法的情形。如在"某科技发展有限公司与李某等申请撤销仲裁裁决案"[2]中，当事人提出仲裁机构剥夺了其选择仲裁员的权利；法院查明并认为，当事人未在规定期限内选定仲裁员，仲

---

[1] 例如，在"某工程局有限公司、某投资集团有限公司申请撤销仲裁裁决案"【浙江省温州市中级人民法院（2018）浙03民特63号民事裁定书】中，法院指出："《中华人民共和国仲裁法》第五十八条第（三）项规定的'仲裁庭的组成或者仲裁的程序违反法定程序的'撤销仲裁裁决审查事由，与《中华人民共和国民事诉讼法》第二百三十七条第二款第三项规定的'仲裁庭的组成或者仲裁的程序违反法定程序的'不予执行国内仲裁裁决审查事由的行为指向完全相同。实践中，对《中华人民共和国仲裁法》第五十八条第（三）项的理解，除了应适用《最高人民法院关于适用〈中华人民共和国仲裁法〉若干问题的解释》第二十条外，还应适用《最高人民法院关于人民法院办理仲裁裁决执行案件若干问题的规定》第十四条。"在"某管理有限公司、谷某申请撤销仲裁裁决案"【浙江省杭州市中级人民法院（2020）浙01民特20号民事裁定书】中，法院认为，仲裁员的询问并非"特别提示"，不符合《仲裁执行规定》第14条第3款规定的"特别提示"的要求。

[2] 可见北京市第四中级人民法院（2022）京04民特439号民事裁定书。

裁委员会主任依指定仲裁员并无不当。在"某电力设备有限公司与某真空泵厂申请撤销仲裁裁决案"①中，当事人提出仲裁庭没有给予其质证期限、程序违法；法院查明并认为，仲裁庭要求当事人当庭质证并不违反仲裁法及仲裁规则的规定。在"某置业有限公司与李某仲裁执行异议案"②中，当事人提出，独任仲裁员应当回避而未回避，程序违法；法院查明并认为，当事人曾在仲裁过程中提出回避申请，仲裁机构审查后决定予以驳回，当事人之后委托代理人参加了全部程序且未提出异议。在该等案件中，法院均同时引述了管辖机构仲裁规则中的"异议权放弃"条款或者《仲裁执行规定》中的"异议权放弃"规定，并驳回了当事人撤销或不予执行仲裁裁决的申请。

在该类情形之下，当事人提出的程序违法情节本身便不能成立或者缺乏证据证明，本无进一步适用"异议权放弃"规则之余地。而实际情况是，法院在该类情形下引述"异议权放弃"规则的情况相对最多。

第二类，存在轻微程序违法的情形。如在"某科技有限公司与某教育科技有限公司申请撤销仲裁裁决案"③中，当事人提出，仲裁庭允许案外第三人旁听该案庭审、侵犯当事人合法权益和商业隐私；法院查明并认为，在开庭出庭人员登记表中，确有旁听人员签字，仲裁庭此种做法确实存在瑕疵。在"某工程有限公司与某商贸有限公司申请撤销仲裁裁决案"④中，当事人提出，仲裁机构更换仲裁员未依法在规定时间内进行书面通知，违反法定程序；法院对于申请人主张的事实情节未作相反认定。在"陈某、某小额贷款有限公司等合同纠纷执行异议案"⑤中，当事人提出，仲裁机构对仲裁材料采取"留置送达"没有法律及规则依据，程序违法；法院查明并认为，仲裁庭向当事人留置送达，文书送达程序确有瑕疵，但当事人未因留置送达问题导致其未能参与仲裁。

在该等案件中，法院均引述了管辖机构仲裁规则中的"异议权放弃"条款或者《仲裁执行规定》中的"异议权放弃"规定，认为当事人未及时提出书面异议，放弃权利，对于当事人提出的撤销或不予执行仲裁裁决的主张不

---

① 可见山东省淄博市中级人民法院（2022）鲁03民特5号民事裁定书。
② 可见上海市第一中级人民法院（2021）沪01执异234号执行裁定书。
③ 可见北京市第三中级人民法院（2016）京03民特197号民事裁定书。
④ 可见青海省西宁市中级人民法院（2023）青01民特45号民事裁定书。
⑤ 可见湖南省常德市中级人民法院（2022）湘07执异29号执行裁定书。

予支持。仲裁实践中，存在程序瑕疵或者轻微违法情节并不罕见，因而该类裁定情形在司法监督实务中也时有发生。

第三类，存在程序违法、可能影响裁决公正的情形。如在"某工程局有限公司、某投资集团有限公司申请撤销仲裁裁决案"①中，当事人提出，仲裁员与另一方当事人代理人存在密切关系，应当回避而未回避；另一方当事人提出，该当事人在仲裁过程中未提出过异议；法院经查明并认为，涉案仲裁案件在仲裁过程中，仲裁员未按照仲裁规则披露其与当事人代理人的关系，一定程度上影响了当事人回避权利的行使，属于可能影响公正裁决的情形，并结合案件情况裁定撤销仲裁裁决。在"某科技发展有限公司与某有限公司申请撤销仲裁裁决案"②中，当事人提出，仲裁庭在未征得当事人同意不开庭审理的前提下，以书面方式完成了新增仲裁请求申请的审理，程序违法；法院经查明并认为，当事人变更请求后，仲裁庭未再次开庭审理，且无证据证明其曾就不开庭审理事项征得双方当事人的同意，存在可能影响案件正确裁决的情形，最终裁定撤销仲裁裁决。在"彭某与罗某特殊程序执行案"③中，当事人提出，合同约定由合议庭仲裁，而本次仲裁为独任仲裁，违反了当事人约定及仲裁规则规定；法院查明并认为，案件由独任仲裁员审理，违反了仲裁应当遵从双方自愿的原则，构成程序违法，裁定不予执行仲裁裁决。

在该等案件中，并未见法院对于仲裁规则中的"异议权放弃"条款或者司法解释规定的"异议权放弃"规定予以引述或者分析，是否为法院有意回避，不得而知。须知，在前述案例中，无论是对于仲裁员回避、仲裁庭的组成，抑或仲裁请求的审理，当事人都有较为充分的机会和条件在了解情况后提出异议，存在"异议权放弃"规则的适用空间。司法监督法院在裁定书中不对此规则作出分析，至少可以看出在"程序违法且可能影响裁决公正"的情形下，法院对此规则适用的谨慎态度。

三、"异议权放弃"规则的实践效用审视及原因分析

结合前述案例情况，笔者认为，对于第一类情形，本无"异议权放弃"规

---

① 可见浙江省温州市中级人民法院（2018）浙03民特63号民事裁定书。
② 可见北京市第二中级人民法院（2014）二中民特字第05896号民事裁定书。
③ 可见四川省会东县人民法院（2023）川3426执1606号执行裁定书。

则适用的必要，法院在裁定书中引述该规则并无意义。对于第二类情形，因仲裁程序违法，并不必然导致仲裁裁决被撤销或不予执行，如程序违法并未至"可能影响案件公正裁决"的严重程度，结合《仲裁执行规定》第14条第1款之规定（违反仲裁法规定的仲裁程序、当事人选择的仲裁规则或者当事人对仲裁程序的特别约定，可能影响案件公正裁决，经人民法院审查属实的，应当认定为法律规定的"仲裁庭的组成或者仲裁的程序违反法定程序的"情形），法院也不得据此否定仲裁裁决效力。在这样的语境下，法院再引述或者分析"异议权放弃"规则，也无实质意义。对于第三类情形，即"违反法定程序①可能影响到案件公正裁决"，恰恰是"异议权放弃"规则有可能发挥其价值和效用的情境。然而，法院在该类情形下采取的谨慎甚至回避态度，导致该规则的价值及效用并未得以实质发挥。

探究其原因，或与异议权放弃规则的适用条件，以及我国仲裁实践和司法监督整体情况有关。申言之：

1. 关于异议权放弃规则的严苛适用条件

对于"异议权放弃"规则的适用，体现出人民法院对仲裁"诚实信用"及"程序效率"价值，与仲裁"程序公正"价值之间的协调与权衡。在程序违法且可能影响公正裁决的情况下，适用"异议权放弃"规则，虽然能彰显诚实信用及程序效率价值，但若轻易产生弃权的法律效果，也无异于使得存在严重程序问题的仲裁裁决免于被撤销或不予执行，损及"程序公正"。

在一般司法审查实践中，法院认为，"违反法定程序"时当事人放弃异议情形下，对裁决不撤销，需要同时符合以下条件：第一，法院已查明，仲裁程

---

① 实践中，违反法定程序的具体情形主要分为以下几种：（1）违反仲裁法、仲裁规则关于仲裁庭人数或者组成的规定，以及当事人关于仲裁庭人数或者组成的其他特别约定；（2）未给当事人选定或者共同选定仲裁员的机会；（3）仲裁员应当回避而没有回避；（4）向被申请人送达仲裁申请书副本、仲裁规则和仲裁员名册，违反仲裁法、仲裁规则或者当事人约定的期限、方式等内容；（5）未按照仲裁规则的规定，给予被申请人相应的答辩期；（6）当事人约定开庭审理而未开庭审理；（7）未按照仲裁规则或者当事人约定的方式通知当事人参加庭审；（8）当事人有正当理由申请延期开庭而未予准许，该当事人未能出庭；（9）证据未出示且未经对方当事人质证；（10）未给予当事人陈述和辩论的机会；（11）仲裁庭未形成多数意见时，未按照首席仲裁员的意见裁决；（12）除依照《仲裁法》第54条的规定可不签名的情形外，仲裁员未在仲裁裁决上签名；（13）仲裁中未进行调解，也未达成和解协议，即作出调解书或者基于调解协议、和解协议的仲裁裁决。（可见刘贵祥等：《〈关于人民法院办理仲裁裁决执行案件若干问题的规定〉的理解与适用》，载《人民司法（应用）》2018年第13期，第43页。）

序违反《仲裁法》规定，或当事人选择的仲裁规则，或当事人对仲裁程序的特别约定，并且可能影响案件的公正裁决。第二，适用的仲裁程序或者仲裁规则经特别提示。仲裁规则中"异议权放弃"条款，相当于格式条款的提示说明，对弃权法律后果的告知提示。第三，仲裁当事人对违反法定事由的明知。弃权行为的前提是仲裁当事人知晓权利存在，以及程序违法可能造成的后果，而且有条件行使权利。第四，在此之外，当事人仍然参加或者继续参加程序，并且未提出异议。①可见，"异议权放弃"规则要求同时具备体系化的各项基础，适用的条件较为严苛。

此外，人民法院若适用该规则，免不了需对各项条件予以针对性审查和认定，在缺乏明确的、更高层级规则适用指引的情况下，不仅将实质性增加法院作出裁定的难度，裁定的意见和内容也将容易受到挑战和质疑。

2. 关于我国的仲裁实践及司法监督整体情况

在仲裁实务中，仲裁庭通常会在正式开庭前询问当事人对于既往程序是否有异议，并在开庭结束前询问当事人对于包括开庭审理在内的已进行程序是否有异议，并且将当事人的确认意见记入庭审笔录中。为推进仲裁程序并向仲裁庭表达配合的态度，当事人一般都表示无异议；或者即便提出异议，也可能在仲裁庭解释说明后不再坚持；极少且特殊者，当事人会明确且持续性的提出程序异议。也就是说，因仲裁机构或者仲裁庭在程序管理层面的审慎，以及当事人希望通过配合程序以获得仲裁庭裁量支持的心理，进一步压低了当事人就仲裁程序问题提出有效异议的可能性。

于另一维度而言，近年来法院因仲裁程序问题撤销或者不予执行仲裁裁决的情况殊为少见，这一方面得益于仲裁行业发展水平的提升，另一方面也得益于司法监督仲裁的"友好"态度。如果法院再轻易适用"异议权放弃"规则维持存在严重程序问题的仲裁裁决效力，则有可能使得司法监督仲裁的作用落空。

此外，我国法律关于"异议权放弃"规则具体适用的规定不清，有的司法监督仲裁法院对于仲裁"异议权放弃"规则认知不足等，也是造成该规则的价值和效用未得以实际发挥的原因。

---

① 马军等：《商事仲裁司法审查案件审理规范指南》，法律出版社2020年版，第251—252页。

四、"异议权放弃"规则中"特别提示"的实务困境及应对

如前所述,我国现行法律并无"异议权放弃"规则的规定,最高人民法院出台的《仲裁执行规定》第 14 条第 3 款提出了"经特别提示"这一要求。在司法实践中,不同法院对于"特别提示"的标准存在不同的认识,这进一步造成了"异议权放弃"规则适用的复杂性和争议性。

例如,在"某管理有限公司、谷某申请撤销仲裁裁决案"①中,法院认为,"在仲裁案件审理过程中,独任仲裁员曾当庭询问当事人对已进行程序有无异议,当事人未对仲裁庭组成方式提出异议。但独任仲裁员的询问并非针对仲裁当事人就案涉仲裁案件是否选择独任仲裁员及适用简易程序的特别提示,不符合《仲裁执行规定》第 14 条第 3 款规定的'特别提示'的要求,不能改变案涉仲裁违反法定程序的判断"。在"胡某、鲁某等民事执行异议案"②中,法院认为,"本案仲裁庭虽然书面通知当事人恢复该案的审理,且当事人未就该案的恢复审理向仲裁庭提出异议,仅凭仲裁庭发出的再次开庭通知书及再次开庭时首席仲裁员告知双方当事人的内容,不构成《仲裁执行规定》中规定的'特别提示'"。在该等案件中,法院认为《仲裁执行规定》第 14 条第 3 款要求的"特别提示"需要足够具体明确,仲裁庭笼统询问程序事项无法达到提示效果。

而在"李某、易某等银行卡纠纷执行案"③中,法院认为,"根据《仲裁执行规定》第 14 条第 3 款规定,当事人全程参加案涉的仲裁程序,且没有证据证明其在仲裁过程中提出法定仲裁程序或选择的仲裁规则未被遵守的异议,应承担举证不能的责任"。在"彭某、叶某仲裁裁决执行案"④中,法院认为,"仲裁委员会在开庭时已明确告知涉案仲裁适用普通程序审理,以及案件受理通知书已告知相应举证、答辩、组庭的具体期限,当事人对此均无异议。因此,案涉仲裁适用的仲裁程序已经仲裁委员会特别提示,当事人均已知晓并无异议,且仍参加仲裁程序。根据《仲裁执行规定》第十四条第三款规定,在作

---

① 可见浙江省杭州市中级人民法院(2020)浙 01 民特 20 号民事裁定书。
② 可见湖北省荆门市中级人民法院(2020)鄂 08 执异 42 号执行裁定书。
③ 可见广东省佛山市中级人民法院(2019)粤 06 执异 102 号执行裁定书。
④ 可见福建省厦门市中级人民法院(2020)闽 02 执异 44 号执行裁定书。

出仲裁裁决书后，当事人以涉案仲裁裁决书未适用涉外仲裁规则，程序严重违法，本院不予支持"。在该等案件中，人民法院则并不要求对程序的"特别提示"必须具体明确。

笔者认为，《仲裁执行规定》中提到的"特别提示"不仅造成了司法实践的混乱，也偏离了商事仲裁实践。在仲裁实务中，如若按照有的司法监督法院的意见，苛求仲裁机构或者仲裁庭对于仲裁程序细节以及可能的不当之处都向当事人作出特别的提示，殊不合理，也不现实。

更何况，正如有文章指出，"之所以设立该款规定，主要考虑到，放弃异议是商事仲裁的通行做法，当事人对违反仲裁程序或规则的情形明明知情，但仍然参加或继续参加仲裁，则视为对异议权的放弃。当事人在仲裁裁决作出后再以违反法定程序为由申请不予执行的，不应支持。但是，因仲裁程序、仲裁规则可能规定于格式条款的仲裁协议之中，部分当事人可能并未充分注意，在该款表述上明确要求应向当事人就仲裁程序及适用仲裁规则作出特别提示，以减少仲裁作出后产生的程序争议"。① 换言之，司法解释中要求"特别提示"仅是出于"格式条款"仲裁协议情形下为减少程序争议的考虑，而非要求对于通常情形下仲裁程序及可能不当的细节进行明确提示。

笔者认为，即便按照《仲裁执行规定》既有规定，如若仲裁协议不涉及"格式条款"问题，则该"特别提示"的要求无适用余地。如若涉及，从规定文义上来看，也只是需要提示"适用的仲裁程序或仲裁规则"，而非提示"程序未被遵守的情况"。并且，仲裁协议中选定的仲裁机构的仲裁规则通常可公开查询，且在仲裁启动初期就已送达当事人，仲裁规则中也规定了"异议权放弃"条款，这也相当于对"格式条款"的提示说明以及对弃权法律后果的提示告知。② 此外，作为仲裁活动参与人的当事人，对于仲裁法律规定、仲裁规则以及其中载明的仲裁程序，本就"知道或者应当知道"，在这个维度下，《仲裁执行规定》中提出的"特别提示"要求没有实质必要。更何况，该司法解释并无上位法支撑（现行《仲裁法》无相关规定，《仲裁法》修订的征求意

---

① 刘贵祥等：《〈关于人民法院办理仲裁裁决执行案件若干问题的规定〉的理解与适用》，载《人民司法（应用）》2018 年第 13 期，第 43 页。

② 马军等编著：《商事仲裁司法审查案件审理规范指南》，法律出版社 2020 年版，第 252 页。

见稿中也没有保留这样的要求），也与国际通行做法和仲裁实务不相契合，应考虑删去。

五、当事人缺席情况下能否适用"异议权放弃"规则的讨论

从《仲裁执行规定》第14条第3款规定的"异议权放弃"规则的适用条件来看，要求当事人在知道或应当知道程序违法后，"仍参加或继续参加仲裁程序"，这是否意味着在当事人未参加仲裁程序的情况下，"异议权放弃"规则便不能适用？

现有司法解释规定在文义层面难以解读成缺席仲裁可适用"异议权放弃"规则，尤其在司法监督法院对于该规则适用本就谨慎的情况下，更难期待"异议权放弃"规则在缺席仲裁的情况下发挥效用。然而，仲裁实务中当事人经有效通知无正当理由缺席审理的情况并不少见，笔者认为，有必要为该类情形下"异议权放弃"规则的适用留出空间。

从实务角度而言，仲裁当事人经有效仲裁通知，其对于案件适用的仲裁规则以及案件受理、仲裁庭组成、开庭安排等相关程序已然明知，其已具备行使程序异议权的条件，当事人在这样的情况下仍选择缺席仲裁，理应自行承担不利的风险。并且，如若因一方当事人选择缺席仲裁，则认定"异议权放弃"规则对其不适用，不仅将使得仲裁规则中"异议权放弃"条款的规范目的落空，也对于按照仲裁通知参与程序的另一方当事人不公平，因该方当事人需要遵守"异议权放弃"规则。此外，如能促使当事人积极参与仲裁，无疑将有助于仲裁庭查清事实、推动纠纷妥善解决。而将"异议权放弃"规则的适用范围拓宽适用于缺席仲裁，使得当事人更有动力参加程序，能在一定程度上起到这样的作用。

从比较视野而言，虽然《国际商会仲裁院仲裁规则（2021）》《新加坡国际仲裁中心仲裁规则（2016）》等规定的"弃权"条款中提到了"继续进行仲裁程序"的内容，但有的仲裁规则也并未提出这样的要求，如《联合国贸易法委员会仲裁规则（2021）》第32条规定："任何一方当事人未能及时对不遵守本规则或仲裁协议任何要求的任何情形提出异议，应视为该当事人放弃提出此种异议的权利，除非该当事人能够证明，其在当时情况下未提出异议有正当理由。"《斯德哥尔摩商会仲裁院仲裁规则（2023）》第36条规定："如果一方当事人在仲裁程序进行期间未能毫不迟延地就任何不符合仲裁协议、仲

裁规则或仲裁程序应予适用的其他规则等提出异议，则应当视为其业已放弃就此等不符提出异议的权利。"

从规则发展角度来看，在我国仲裁机构的规则修改实践中开始注重对"缺席仲裁"情形下"异议权放弃"规则的构建。如中国国际经济贸易仲裁委员会2024年版的《仲裁规则》相较于2015年版，第10条"放弃异议"条款便增加了缺席仲裁的内容，即："一方当事人知道或理应知道本规则或仲裁协议中规定的任何条款或情事未被遵守，仍参加仲裁程序或继续进行仲裁程序或经有效通知无正当理由缺席审理，而且不对此不遵守情况及时地、明示地提出书面异议的，视为放弃其提出异议的权利。"该等变化，无疑为当事人"经有效通知无正当理由缺席审理"情形下适用"异议权放弃"规则留出了空间。

当然，"放弃异议权"规则在缺席仲裁情形下的适用，与当事人正常参与程序自然也应有所区别，核心便在于对仲裁程序违法情节"知道或应当知道"的认定。缺席当事人对于向其有效送达的仲裁材料及仲裁通知中所涉程序事项，显然是"知道或应当知道"，但对于诸如开庭过程中出现的程序问题，则不应苛求缺席当事人"应当知道"，进而不宜适用"异议权放弃"规则。此外，关于"有效通知"的认定标准，也不宜过于宽松，如仅对当事人采取了"拟制送达"，缺席当事人并不实际了解送达仲裁材料中所载仲裁程序事项，也不宜认定当事人对程序违法"应当知道"。一言以蔽之，当事人缺席仲裁情形下"异议权放弃"规则的适用，需对"程序效率"和"程序公正"等制度价值予以更为灵活的协调与权衡，由裁判者结合个案实际情况作出适宜判断。

六、结语

"异议权放弃"规则在我国仲裁实务及司法监督等层面得以确立，其彰显了尊重当事人意思自治、体现诚信原则及仲裁效率等价值，并且具有维护仲裁裁决稳定性的实质效用。然而，在司法监督仲裁实践中，因"异议权放弃"规则要求较为严苛的适用条件，且我国法律关于该规则具体适用的规范不清，有的司法监督仲裁法院对于该规则的认知不足，多重因素造成"异议权放弃"规则适用的争议性和复杂性，也导致"异议权放弃"规则未能发挥其实质效用。

对于《仲裁执行规定》第14条第3款提出的"特别提示"要求，司法监督仲裁实践中存在混乱，且偏离了规则制定的初衷，也与商事仲裁实务发展不相契合。后续法律修订或者规则改进应考虑作出调整。此外，缺席仲裁情形下适用"异议权放弃"规则在现有司法解释规定之下还存在障碍,但无论是从仲裁实务角度,还是比较视野角度,抑或规则发展角度,都有必要为有效送达但缺席仲裁情形之下适用"异议权放弃"规则留出空间。

作为仲裁活动的参与者,当事人或者代理人如了解到仲裁程序违反法律规定、仲裁规则规定或者当事人特别约定,则应当尽快以书面形式明确提出,否则可能产生丧失后续异议的权利。仲裁机构或者仲裁庭,则应加强仲裁程序的审慎管理,对于程序偏离法律规定或者当事人约定的情况,以及当事人提出的异议予以及时关注,并可考虑针对性采取补救措施,弥补可能存在的程序问题或者瑕疵,进一步确保后续仲裁裁决的稳定性。司法监督仲裁的法院,则应充分意识到"异议权放弃"规则的积极意义,提升并统一对于该项制度及仲裁实务的认知,在个案中作出恰当的判断和裁定,履行依法监督仲裁职责的同时助力仲裁行业发展。

资管产品原状分配的常见问题和解决路径

张国明　靖　杭　黄承扬[*]

- **摘　要**

　　资管产品的基础法律关系是信托关系，资管产品终止后，信托财产需要向受益人进行分配，分配方式包括现金方式、维持信托终止时财产原状方式（原状分配）或者两者的混合方式。采取原状分配方式的，管理人应于信托期满后的约定时间内，完成与受益人的财产转移手续。但是，原状分配涉及管理人、受益人及债务人等第三方主体之间的多重法律关系，实践中还存在诸多问题，包括法律性质不明确、权利义务边界不清晰、各方利益诉求不统一、委托人主体不适格、难以完成过户登记等。本文基于现有业务规则和行业实践，对原状分配中的常见问题和解决路径进行简要分析。

- **关键词**

　　资管产品　原状分配　委托资产　信托

Abstract: The fundamental legal relationship of asset management business products is that of a trust. Upon the termination of an asset management product, the trust property needs to be allocated to the beneficiaries. The methods of allocation include cash, maintaining the property in its original state at the time of trust termination (as-

---

[*] 张国明，中信证券股份有限公司合规总监、法律部行政负责人；靖杭，中信证券股份有限公司法律部高级副总裁；黄承扬，中信证券股份有限公司法律部高级经理。

is allocation), or a combination of both. In the case of original state allocation, the manager should complete the property transfer procedures with the beneficiaries within the agreed time after the expiration of the trust. However, original state allocation involves multiple legal relationships between the manager, beneficiaries, debtors, and other third parties, and there are many issues in practice. These include unclear legal nature, ill-defined boundaries of rights and obligations, non-unified interests of all parties, unsuitable subject of the entrusting party, and difficulties in completing transfer registration, etc. This article provides a brief analysis of common problems and solutions in original state allocation based on existing business rules and industry practices.

Key Words：asset management business products, original state allocation, entrusted assets, trust

一、概述

基于信托关系的资管产品的原状分配（实务中也称为"现状返还"、"现状分配"或"原状返还"等），是指资管产品提前终止或者到期终止后，因资管产品仍持有未变现资产，管理人（信托计划为受托人，统称为管理人）以维持资管产品终止时/后财产原状的方式对受益人（或者委托人，统称为受益人）进行分配的财产分配方式。但是，原状分配涉及管理人、受益人及债务人等第三方主体之间的多重法律关系，实践中还存在诸多问题，本文拟针对原状分配中常见的问题和解决路径进行总结梳理。

二、常见问题

（一）法律性质不明确

《信托法》第 54 条、第 55 条[1]明确了信托终止后信托财产的归属，并

---

[1]《信托法》第 54 条规定："信托终止的，信托财产归属于信托文件规定的人；信托文件未规定的，按下列顺序确定归属：（一）受益人或者其继承人；（二）委托人或者其继承人。"第 55 条规定："依照前条规定，信托财产的归属确定后，在该信托财产转移给权利归属人的过程中，信托视为存续，权利归属人视为受益人。"

且规定信托财产转移给受益人的过程信托视为存续。《信托法》第55条规定的财产转移即为财产分配。《信托公司集合资金信托计划管理办法》第32条[①]进一步明确了几种财产分配方式,包括现金分配和原状分配或者两者混合的方式。但是法律规范层面对于原状分配的性质并不明确,实践中存在两种不同观点。第一种认为原状分配属于财产转让,第二种认为原状分配属于信托终止后的法定归属。前者需要满足财产转让的形式要件,后者根据信托文件和法律规定直接承继信托财产。在两种不同观点的解释路径下,实践中需要履行的法律程序的形式要件将会存在较大的差异。那么,原状分配的性质和形式要件是什么,法律法规和司法实践中尚未能形成统一的定论。

(二)管理人权利义务边界不清晰

根据《信托法》第55条及其法条释义,信托财产转移给受益人的过程中,信托视为存续。在此期间,管理人事实上占有信托财产,并对信托财产负有善良保管、清算和移交、制作清算报告等义务。受益人对管理人享有返还该信托财产的请求权以及监督管理人进行清算和移交信托财产的权利。由此可见,信托终止后,管理人向受益人移交信托财产无疑是属于管理人的一项义务并不是权利。但是,信托终止时信托财产可能存在多种形式,可能包括无法变现或者短期难以变现的资产,未变现财产最终能否变现以及何时变现也存在较大不确定性。这种情况下,选择原状分配的方式转移信托财产到底属于管理人的权利还是义务?受益人是否有权拒绝领受管理人原状分配的财产?受益人未接受信托财产原状分配时管理人是否有权予以提存?现行法律法规和自律规则对以上问题的规定并不明确统一,实践中也存在很多争议。比如,原中国银行业监督管理委员会于2009年2月4日发布实施的《信托公

[①] 《信托公司集合资金信托计划管理办法》第32条规定:"清算后的剩余信托财产,应当依照信托合同约定按受益人所持信托单位比例进行分配。分配方式可采取现金方式、维持信托终止时财产原状方式或者两者的混合方式。……采取维持信托终止时财产原状方式的,信托公司应于信托期满后的约定时间内,完成与受益人的财产转移手续。信托财产转移前,由信托公司负责保管。保管期间,信托公司不得运用该财产。保管期间的收益归属于信托财产,发生的保管费用由被保管的信托财产承担。因受益人原因导致信托财产无法转移的,信托公司可以按照有关法律法规进行处理。"

司集合资金信托计划管理办法》第32条①规定，信托公司采取原状分配应于信托期满后的约定时间内完成与受益人的财产转移手续，因受益人原因导致信托财产无法转移的，信托公司可以按照有关法律法规进行处理。中国证券业协会在2013年7月9日发布实施的《关于规范证券公司与银行合作开展定向资产管理业务有关事项的通知》第5条②规定，定向资产管理合同中应明确约定合同期限届满、提前终止或合作银行提取委托资产时，证券公司有权以委托资产现状方式向委托人返还。中国证券监督管理委员会在2023年3月1日施行的《证券期货经营机构私募资产管理业务管理办法（2023）》第57条③规定，清算后的剩余财产，单一资产管理计划应当按照合同约定的形式将全部财产交还投资者自行管理。中国证券监督管理委员会在2023年3月1日施行的《证券期货经营机构私募资产管理计划运作管理规定（2023）》第26条④进一步规定，资产管理计划可以按照投资者持有份额占总份额的比例或者资产管理合同的约定，将其持有的非标准化股权类资产分配给投资者。

（三）各方利益诉求难统一

一方面，很多资管产品最终受益人是商业银行及其银行理财产品。根据

---

① 《信托公司集合资金信托计划管理办法》第32条规定："清算后的剩余信托财产，应当依照信托合同约定按受益人所持信托单位比例进行分配。分配方式可采取现金方式、维持信托终止时财产原状方式或者两者的混合方式。……采取维持信托终止时财产原状方式的，信托公司应于信托期满后的约定时间内，完成与受益人的财产转移手续。信托财产转移前，由信托公司负责保管。保管期间，信托公司不得运用该财产。保管期间的收益归属于信托财产，发生的保管费用由被保管的信托财产承担。因受益人原因导致信托财产无法转移的，信托公司可以按照有关法律法规进行处理。"

② 《关于规范证券公司与银行合作开展定向资产管理业务有关事项的通知》第5条中还规定："证券公司应当与符合条件的银行或经其合法授权的分支机构、相关部门签订定向资产管理合同，并在合同中明确约定双方权利义务，包括但不限于以下内容：……（三）明确约定合同期限届满、提前终止或合作银行提取委托资产时，证券公司有权以委托资产现状方式向委托人返还。"

③ 《证券期货经营机构私募资产管理业务管理办法（2023）》第57条第2款规定："清算后的剩余财产，集合资产管理计划应当按照投资者持有份额占总份额的比例，原则上以货币资金形式分配给投资者；资产管理合同另有约定的，从其约定；但不得违反中国证监会规定。单一资产管理计划应当按照合同约定的形式将全部财产交还投资者自行管理。"

④ 《证券期货经营机构私募资产管理计划运作管理规定（2023）》第26条第3款规定："非标准化股权类资产无法按照约定退出的，资产管理计划可以延期清算，也可以按照投资者持有份额占总份额的比例或者资产管理合同的约定，将其持有的非标准化股权类资产分配给投资者，但不得违反《证券法》关于公开发行的规定。"

《商业银行理财业务监督管理办法》（原中国银行保险监督管理委员会令2018年第6号）第16条规定，商业银行应当将理财业务风险管理纳入其全面风险管理体系。根据《商业银行并表管理与监管指引》（2014修订）（银监发〔2014〕54号）第85条、第87条规定，银行业监督管理机构应对银行集团进行风险评级，综合考虑商业银行和附属机构的评级结果，以及并表的盈利状况、资本充足状况、综合财务状况和管理能力。银行业监督管理机构应将商业银行自身开办以及银行集团内其他附属机构参与的各类跨业通道业务①纳入并表监管，纳入银行集团的全面风险管理，并特别关注银行集团内各附属机构借助通道业务进行的融资活动，关注由此引发的各类风险以及产生的监管套利、风险隐匿和风险转移等行为，避免风险传染。因此，商业银行及其理财产品可能会基于监管机构的全面风险管理和风险评级压力，对于理财产品对外投资形成未变现的资产，特别是通道类的定向资管产品产生的违约资产，作为受益人接受原状分配的主观意愿较低。

另一方面，资管新股规定的通道业务整改过渡期已届满，理论上存量的通道类资管产品应已全部完成整改，但是各资管机构完成通道业务整改并不等同于完成全部资管产品清算销户。实践中可能存在尚未清算销户但也视为整改完成的产品。其中包括已进入清算阶段的资管产品或者允许存续至自然到期的资管产品，此类通道类资管产品往往持有违约资产需要进行处置，无法现状返还则无法完成清算销户，管理人为了完成整改，推动现状返还意愿较高。

对管理人而言，原状分配违约资产后即可完成清算销户，但是对于受益人而言，接受原状分配则意味着违约资产并表，不良率上升，可能影响风险评级。双方利益诉求不统一的情况下，原状分配难以有效推进。

（四）受益人主体资格有限制

资管产品向受益人原状返还还可能因受益人主体不适格而无法实现。原状

---

① 《商业银行并表管理与监管指引》（2014修订）第87条第2款规定："本指引所称跨业通道业务，是指商业银行或银行集团内各附属机构作为委托人，以理财、委托贷款等代理资金或者利用自有资金，借助证券公司、信托公司、保险公司等银行集团内部或者外部第三方受托人作为通道，设立一层或多层资产管理计划、信托产品等投资产品，从而为委托人的目标客户进行融资或对其他资产进行投资的交易安排。在上述交易中，委托人实质性承担上述活动中所产生的信用风险、流动性风险和市场风险等。"

分配财产为非上市公司股权时，因工商登记机关还无法将股权登记在资管产品名下，如果受益人同样是资管产品将会导致股权直接登记在管理人名下。实践中，资管产品作为受益人的，管理人往往都是商业银行、信托公司或者证券公司。然而，商业银行、证券公司和信托公司作为管理人被动受让非上市公司股权并登记为股东可能存在合规风险。根据《商业银行法》第42条、第43条，商业银行因行使抵押权、质权而取得的不动产或者股权，应当自取得之日起二年内予以处分。商业银行不得向非自用不动产投资或者向非银行金融机构和企业投资，但国家另有规定的除外。根据《中国银监会关于规范银信理财合作业务有关事项的通知》第5条，商业银行和信托公司开展投资类银信理财合作业务，其资金原则上不得投资于非上市公司股权。同样的，证券公司受让非上市公司股权也可能存在合规风险，证券公司基于抵债等特殊原因受让股权往往需要向监管部门沟通报备并及时处置股权，处置方式包括继续向资管产品上层受益人继续原状分配等。

（五）限售股、违约债券等标准化资产无法办理非交易过户

关于限售股，根据《中国证券登记结算有限责任公司证券非交易过户业务实施细则（适用于继承、捐赠等情形）》（中国结算发〔2023〕28号）第9条，私募资产管理所涉证券过户的股票应为无限售条件流通股。资管产品持有限售股时，在现有登记业务规则下还无法通过非交易过户制度实现向受益人原状分配并完成过户登记。限售股大多来自上市公司大股东、实际控制人，锁定期较长，一般为六个月到三年不等，资管产品等待限售股解禁再办理过户客观上难以满足产品清算退出的要求。

关于违约债券，虽然实践中存在违约债券完成非交易过户的案例[①]，但仅仅是个案中与监管反复沟通之后的特例，不具有普适性，现有违约债券交易及过户制度尚无法实现常态化操作。

（六）非上市公司股权工商变更登记难

资管产品直接投资于非上市公司股权或者因上市公司退市导致持有的股

---

① 博源项目是国内首次将违约债券转化为普通债权，保留债券所有权利的范例。债券受让方中国信达在与监管机构反复沟通、设计后，最终形成了以非交易过户的形式完成违约债券登记过户的一套创新交易模式。受让方中国信达与博源集团共同申请，以非现金兑付方式注销银行间市场发行的债券，通过协议方式确保债权债务关系继续有效存续。

票变为非上市公司股份的，资管产品原状分配股权不仅需要公司内部其他股东放弃优先购买权、形成股东会决议、修改公司章程，也涉及受让方是否具备登记为股东的主体资格问题。实践中，可能出现其他股东不配合出具放弃优先购买权承诺书、无法作出股东会决议、委托人本身也是资管产品不具备登记为股东的资格、委托人作为金融机构因监管要求无法受让股权等情形，导致难以顺畅地办理变更登记实现原状分配。

（七）抵质押权从权利难以变更登记

资管产品持有的非标债权中，持有股权收益权以及对应股权的质权也是常见的财产形式。按照司法实践中的裁判观点，股权收益权本质上是一种债权。那么，原状分配不涉及股权变更登记，委托人、受托人协商一致并通知债务人即可。但是质押股权的变更登记需要出质人配合，实践中往往难以完成变更登记。根据《股权出质登记办法》（2020修改）第6条规定，质押股权的变更登记，需要出质人和质权人共同提出。同时，如果质押股权已被其他司法机关予以冻结，需要解除冻结之后才能办理股权质押变更登记。虽然，根据《民法典》[1]和《九民纪要》[2]关于"从随主"规则以及司法实践中的裁判观点[3]，未办理质押股权变更登记不影响债权转让的效力，也不影响受让方取得质押权，但是，根据《民法典》第443条，以股权出质的，质权自

---

[1] 根据《民法典》第547条规定，债权人转让债权的，受让人取得与债权有关的从权利，但是该从权利专属于债权人自身的除外。受让人取得从权利不因该从权利未办理转移登记手续或者未转移占有而受到影响。

[2] 根据《全国法院民商事审判工作会议纪要》（以下简称《九民纪要》）第62条规定，抵押权是从属于主合同的从权利，根据"从随主"规则，债权转让的，除法律另有规定或者当事人另有约定外，担保该债权的抵押权一并转让。受让人向抵押人主张行使抵押权，抵押人以受让人不是抵押合同的当事人、未办理变更登记等为由提出抗辩的，人民法院不予支持。

[3] 北京市高级人民法院[（2018）京民初25号（裁判日期：2019.06.28）]裁判摘要：根据《中华人民共和国物权法》第172条"担保合同是主债权债务合同的从合同"及第192条"抵押权不得与债权分离而单独转让或者作为其他债权的担保。债权转让的，担保该债权的抵押权一并转让，但法律另有规定或者当事人另有约定的除外"、《中华人民共和国合同法》第81条"债权人转让权利的，受让人取得与债权有关的从权利，但该从权利专属于债权人自身的除外"的规定，抵押权、质权作为从权利应随债权转让而转让。债权受让人取得的抵押权、质权系基于法律的明确规定，并非基于新的抵押合同、质押合同重新设定抵押权、质权，故不因受让人未办理抵押权、质权变更登记手续而消灭。

办理出质登记时设立。从公示效果来看，未办理质押权变更登记时，受让方的质押权可能无法对抗善意第三人。

（八）信托财产的登记机构不配合办理份额登记

根据原中国银行业监督管理委员会《信托登记管理办法》（银监发〔2017〕47号）[①]等监管规定以及信托文件中的相关约定，资管产品向其委托人原状分配信托受益权、资管计划份额等非标资产时，一般需要底层产品管理人同意并由管理人办理份额变更登记。实践中，底层产品管理人基于防范风险外溢的现实考虑，往往配合度较低，或者不配合办理份额变更登记，导致原状分配难以完成。

三、解决路径

（一）股权类和债权类财产分别适用法定归属和财产转让规则

根据《信托法》及其法条释义，管理人在信托关系存续期间对信托财产享有占有、使用、处分的权利以及基于这些权利在信托财产运用过程中所产生的请求权，受益人享有信托财产的收益权。因此，信托财产的所有权权能在信托存续期间是分离的。信托终止后，原状分配意味着管理人向受益人返还信托财产的占有、使用和处分的权利，使得受益人对于信托财产的权能重新归于完整。占有转移可以通过交付或者登记实现，但是使用权和处分权的转移不易界定和交割。

从理论上来说，占有转移的同时也一并转移了使用权和处分权，与此同时，基于信托财产运用过程中所产生的请求权也随附原状分配。关于"转移"一词，从文义解释的角度，意味着信托财产的权利归属人在此过程中发生变更，并且信托财产需要经过相应的"转移"程序，似乎财产转让说更加符合立法原意。

然而，资管产品持有的财产类型复杂多样，无论是财产转让说还是法定

[①] 中国银监会《信托登记管理办法》（银监发〔2017〕47号）第12条规定："信托存续期间，信托登记信息发生重大变动的，信托机构应当在相关事项发生变动之日起十个工作日内就变动事项申请办理信托产品及其受益权变更登记（简称信托变更登记）。申请办理信托变更登记时，应当提交下列文件：（一）信托变更登记申请书；（二）证明发生变更事实的文件；（三）法律、行政法规、国务院银行业监督管理机构要求的其他文件。"

归属说，实践中都难以具有普适性。一方面，按照财产转让说的观点，对于非上市公司股权等股权性质的财产来说，登记在产品或者管理人名下的非上市公司股权转让给受益人需要其他股东放弃优先购买权，高度依赖于其他股东的配合程度。但是如果按照法定归属说或者法定承继说的规则，除非章程另有约定的，受益人可以直接承继股权成为股东。另一方面，按照法定归属说的观点，对于债权性质的财产，债权人主体消失不必然产生法定承继的法律效果，即便适用继承规则，也需要继承人概括继承债权人名下的债权债务，因此，资管产品清算注销并无法产生受益人直接承继债权的效果。但是如果通过债权转让的形式外观实现原状分配，只需要管理人和受益人协商一致并通知债务人即可，可操作性较强。

综上，本文认为，对于股票、非上市公司股权、信托受益权等权益类资产，可以选择适用法定归属原则。各方在资管产品合同及其与交易对手方签署的交易合同中约定或者签署补充协议约定，在资管产品到期清算时，受益人作为法定的权益归属主体，可以通过原状分配直接承继权益资产成为股东或者受益权人，其他股东放弃优先购买权并承诺配合办理工商变更登记或者配合办理份额变更登记。对于债券、股权收益权、金融借款等债权类资产，可以选择适用现行的债权转让规则，通过管理人直接向各方发送原状分配通知、管理人和受益人签署原状分配协议或者债权转让协议，并以通知债务人的方式实现现状返还。

（二）受益人接受原状分配的同时直接将财产转让给第三方主体

基于自身降低违约资产并表的风险评级压力和防范持有股权的合规风险的考虑，金融机构作为受益人或者代表其管理产品作为受益人时，可在接受底层资产原状分配的同时将财产转让给第三方主体，同时实现资管产品的原状分配和转让处置。如果针对底层债务人的司法追索程序已进入强制执行阶段，还可以在完成原状分配及债权转让后向执行法院提出变更申请执行人申请，请求法院裁定最终的受益人为案件的申请执行人，实现对原状分配和债权转让的法律效力的司法确认。需要注意的是，受让的第三方主体同样需要满足主体资格要求，并且原状分配财产属于信托计划等资管产品时，受让方还需要满足合格投资者要求。

（三）通过违约债券的市场化交易及过户机制实现变相"原状分配"

资管产品持有违约债券时，根据现行违约债券的交易和结算业务规则[①]，管理人可以通过全国银行间同业拆借中心的债券匿名拍卖和协议转让交易机制、北京金融资产交易所的到期违约债券转让机制和深圳证券交易所特定债券转让结算等机制，以市场化方式完成违约债券的交易转让，将违约债券市场化交易给受益人，从而实现违约债券的"原状分配"，避免资管产品因持有违约债券迟迟无法实现清算销户的现实困境。

（四）通过破产程序中受益人直接申报债权并由破产管理人确认的方式实现原状分配

资管产品持有违约债券等标准化债权资产时，现有业务规则下，既无法实现违约债券的非交易过户登记，达成清偿方案之前也无法办理债券的注销登记。违约债券将会持续登记在资管产品名下，难以实现真正的原状分配。如果违约债券的发行人已进入破产清算或者破产重整程序，可以直接由受益人向债务人的破产管理人申报债权，并由受益人作为债券持有人获得最终受偿。受益人与债务人达成清偿方案或者法院裁定通过重组方案后，向登记机关申请注销资管产品名下持有的违约债券，从而实现资管产品的原状分配和清算销户。资管产品持有的其他债权类资产同样可以参照上述方案操作。实践中，破产管理人在资管产品管理人配合出具相关书面确认文件的情况下，一般都会配合将受益人直接登记为债权人，认可其债权人身份。

[①]《中国人民银行关于开展到期违约债券转让业务有关事宜的公告》（中国人民银行公告〔2019〕第24号）、《中国人民银行、发展改革委、证监会关于公司信用类债券违约处置有关事宜的通知》、《全国银行间同业拆借中心银行间市场到期违约债券转让规则》（中汇交发〔2020〕39号）、《全国银行间同业拆借中心债券匿名拍卖实施细则》（中汇交发〔2020〕235号）、《银行间市场清算所股份有限公司债券违约及风险处置操作指引》（2022年修订版）、《银行间债券市场非金融企业债务融资工具违约及风险处置指南（2022版）》（中市协发〔2022〕67号）、《中央国债登记结算有限责任公司关于到期违约债券转让结算业务的补充通知》、《北京金融资产交易所银行间市场到期违约债券转让业务操作指南》（北金所发〔2020〕96号）、《深圳证券交易所 中国证券登记结算有限责任公司关于完善为挂牌期间特定债券提供转让结算服务有关事项的通知》（深证上〔2022〕365号）、《深圳证券交易所 中国证券登记结算有限责任公司关于完善为上市期间特定债券提供转让结算服务有关事项的通知》（深证上〔2022〕364号）。

（五）通过强制执行程序实现财产原状分配及其从权利转移的司法确认

现有财产登记规则下，股票、非上市公司股权、不动产、信托计划、债券等财产的登记和过户分别由中国结算登记有限责任公司、市场监督管理局、不动产登记中心、中国信托登记有限责任公司或者中央国债登记结算有限责任公司等登记机构办理。根据登记过户规则，办理过户一般需要提交双方确认的财产转让协议或者司法裁判机关作出的确权文件。实践中，对于法院作出的确权裁定，登记机构一般会予以配合办理，对于管理人、受益人两方确认的财产转让协议，登记机构可能基于业务规则不明确、财产权属无法核实等理由不配合办理。强制执行程序中，实现原状分配后会同时向法院申请变更申请执行人，执行法院经审查确认后，会作出裁定确认受益人或最终受让方为申请执行人。受益人或者受让方可依据法院裁定向登记机构申请办理财产及抵质押等从权利的变更登记，或者直接通过法院的执行程序实现抵质押优先权。

（六）信托文件中明确约定受益人可向其委托人进一步原状分配

法律法规关于信托受益权、资管计划份额的转让和变更登记规则并不明确，往往需要在信托文件中作出明确的约定。如果委托人在设立信托时不要求管理人将该约定写入信托文件，信托公司、证券公司作为管理人时，基于风险控制的考虑，标准合同文本中往往会约定信托受益权、资管计划份额的转让或者原状分配需要管理人同意并配合。因此，建议委托人在投资于信托计划、资管计划等非标资产时，明确约定受益人有权直接向其委托人原状分配或者向满足投资者适当性要求的第三方转让其信托受益权或者资管计划份额。

（七）立法明确信托终止时原状分配的法律性质、法定程序和权责边界

现行法律法规中关于信托终止时信托财产原状分配的法律性质和法定程序尚不明确，关于原状分配中各方权利义务边界的规定也不统一，导致实践中很多资管产品存在未变现资产时难以有效清算退出。因此，建议立法机关和监管部门在规则层面明确原状分配的法律性质，以及不同类型的信托财产原状分配时适用的法定程序，并对原状分配过程中管理人、受益人的权利义务边界进行界定。

（八）优化非交易过户业务规则，支持资管产品原状分配

中国结算登记有限责任公司、市场监督管理局、不动产登记中心、中国

信托登记有限责任公司或者中央国债登记结算有限责任公司等登记机关的变更登记规则中，对于资管产品持有的限售股票、非上市公司股权、违约债券、信托计划等财产，还无法通过非交易过户机制实现原状分配。建议登记机关优化相关登记业务规则，逐步将资管产品的原状分配纳入非交易过户的普遍适用情形。

紧急仲裁员程序在中国：实践与反思

尹 通[*]

● 摘 要

紧急仲裁员程序在国际仲裁中是一项备受关注的议题，该程序涉及在仲裁过程中出现紧急情况时，如何快速任命紧急仲裁员来处理当事人的紧急救济。在中国内地，这一程序的实践面临着诸多挑战，包括缺乏对案外人的约束、无法获得单方救济以及在执行方面的不确定性。紧急仲裁员程序的审查标准也是一项关键议题，现实中存在缺乏一致性、对相同标准存在不同解释等问题，导致该程序在具体案例中的应用存在不确定性。本文拟分析紧急仲裁员程序在适用过程中存在的现实挑战及其背后的制度成因，并以紧急仲裁员程序在中国的具体实践案例为切入口，提出紧急仲裁员在推进程序以及核准临时措施时可参考的标准，以期进一步提高紧急仲裁员程序的现实可操作性和公信力。

● 关键词

紧急仲裁员程序 临时措施 实践现状 现实挑战 审查标准

Abstract：The emergency arbitrator procedure is a highly discussed topic in international arbitration, focusing on promptly appointing

---

[*] 尹通，北京仲裁委员会／北京国际仲裁中心业务拓展处（国际案件处）高级顾问、核稿秘书。

an emergency arbitrator to handle urgent relief during arbitration proceedings. In Mainland China, the implementation of this procedure faces various challenges, including the absence of constraints on third parties, limited access to unilateral relief, and uncertainties regarding enforcement. Additionally, the standard of review within this procedure is crucial, as inconsistencies and varying interpretations can lead to uncertainties in its application. This article aims to analyze the practical challenges and institutional factors underlying the emergency arbitrator procedure's implementation. By scrutinizing specific cases, it aims to propose standards for emergency arbitrators to consider when advancing the procedure and approving interim measures, ultimately enhancing its practicality and credibility.

Key Words: emergency arbitrator procedure, interim measures, current practices, challenges in practice, review standard

一、紧急仲裁员程序概述

（一）基本含义

临时措施是指法院或者仲裁庭在仲裁程序开始前或进行中作出的，旨在保护争议当事人法律或者事实上的某种状态，避免其在仲裁过程中遭受侵害，保证裁决最终确认的权利救济可以获得执行的一系列命令或裁决。[1]

紧急仲裁员程序（Emergency Arbitrator Procedure）出现之前，如果当事人需要在仲裁程序中申请临时措施，通常只有两种选择：一是在仲裁庭组成之前，向当地法院寻求紧急救济；二是在仲裁庭组成后，向仲裁庭申请作出临时措施。但实践中，各国法院对临时措施的规定并不相同，由于不熟悉外国法律制度，当事人在向外国法院申请临时措施时困难重重。特别是当争议涉及多个法域，当事人甚至需要向多个外国法院分别提出申请，面临多个平行的仲裁和诉讼程序，增加了争议解决的成本和风险。另外，当事人面临的情

---

[1] Gary B. Born, *International Arbitration: Law and Practice*, Kluwer Law International Arbitration 2021, p. 343.

况可能较为紧急,而国际仲裁的组庭时间较长,当事人无法等待仲裁庭组成后再行寻求救济,需要尽快处理临时措施申请。在这样的背景和现实需求下,紧急仲裁员程序应运而生。紧急仲裁员程序的主要目标就是填补当事人在仲裁庭成立之前无法获得紧急救济的空白,并减轻当事人向境外一个或者多个法院申请临时措施的负担。

目前,国际主流仲裁机构几乎都在仲裁规则中规定了临时措施以及紧急仲裁员程序[1],程序操作也基本相似。以北京仲裁委员会/北京国际仲裁中心(以下简称北仲)为例,仲裁机构在初步审查决定受理紧急仲裁员程序的申请后,会在当事人完成费用缴纳的2日内指定紧急仲裁员;紧急仲裁员获得指定后,会及时安排紧急仲裁员的后续程序,并会在获得指定后的15天内作出紧急仲裁员决定。该决定对于当事人立即生效,但对嗣后的仲裁庭不具有约束力,仲裁庭仍可以修改、中止或撤销紧急仲裁员作出的相关决定。

(二)共同特征

通过对比各仲裁机构仲裁规则对于紧急仲裁员程序的规定,可以看出,紧急仲裁员程序具有以下特点:

第一,快速决定,程序灵活。无论是紧急仲裁员的指定,或是紧急仲裁员对于案件的审理,或是决定的最终作出,都会比一般的仲裁程序更加快捷。比如,紧急仲裁员程序中经常会避免邮寄送达和线下开庭,而采取电子邮件送达和视频会议,这是为了简化程序、提升审理效率,以满足当事人的紧急救济需求。与法院相比,紧急仲裁员程序的时效性和便利性优势更加明显,比如,紧急仲裁员的指定以及决定的最终作出通常都有严格的时间限制,且一般时间很短,而法官通常有很大的自由裁量权来决定何时作出这些措施。当争议涉及多个法域时,紧急仲裁员程序还可以避免当事人需向多国法院申请临时措施带来的不便。

第二,非单方救济程序。紧急仲裁员程序属于非单方救济程序,紧急仲裁员不能在仅听取申请方意见的情况下直接作出缺席决定。换言之,紧急仲裁员程序需通知相对方,并给予双方合理陈述案情的机会,这也与国内法院

---

[1] 《国际商会仲裁院仲裁规则》(2021年1月)第28条、第29条及附件五;《伦敦国际仲裁院仲裁规则》(2020年10月1日)第9B条、第25条;《香港国际仲裁中心机构仲裁规则》(2018年11月1日)第23条及附录4;《新加坡国际仲裁中心仲裁规则》(2016年8月1日)第30条及附则1。

保全措施的做法有所不同。如新加坡国际仲裁中心的紧急仲裁员程序规定，当事人在提交紧急临时救济申请的同时，应向其他当事人发出该申请的副本。[1] 一些评论认为，若不给予相对方陈述案件并进行反驳的机会，将有悖于正当程序原则。[2] 需要说明的是，紧急仲裁员并非不能作出缺席决定，但前提是应合理地通知相对方，如相对方无故不发表意见，也不参加各项程序，紧急仲裁员依旧可以在其缺席的情况下作出决定。

第三，临时措施的类型多样。紧急仲裁员拥有广泛的自由裁量权，包括有权作出其认为合适的临时措施救济。很多仲裁机构的仲裁规则并没有明确规定临时措施的具体种类或审查条件，以最大限度地将自由裁量权交给仲裁庭或紧急仲裁员。传统的保全常常局限于防止出现一方当事人毁灭证据、转移资产等情形，但紧急仲裁员的临时措施系为满足当事人的紧急性临时救济的需求，当事人请求紧急性临时救济的类型更为多样，除财产保全、证据保全和行为保全外，还可能包括继续履行合同等维持合同现状的临时措施。

第四，决定的临时性。紧急仲裁员决定对当事人均具有约束力，但当事人可以向紧急仲裁员提出修改、中止或撤销相关决定的申请。紧急仲裁员的决定，包括其中对于案件实体问题的分析和认定，都对嗣后组成的仲裁庭没有约束力。嗣后组成的仲裁庭可以修改、中止或撤销紧急仲裁员作出的相关决定。

第五，可执行性。除非执行地的仲裁法或民事诉讼法另有规定（如新加坡[3]和中国香港[4]），否则紧急仲裁员的决定在执行方面可能存在一些潜在挑战，下文第三部分将详细分析。虽然在法律制度层面紧急仲裁员决定的执行存在一些不确定性，但实践中，当事人对临时措施的自愿遵守程度很高，因

---

[1] 《新加坡国际仲裁中心仲裁规则》附则1紧急仲裁员第1条。

[2] Hans van Houtte, *Ten Reasons Against a Proposal for Ex Parte Interim Measures of Protection in Arbitration*, Arbitration International, Volume 20, Issue 1, 1 March 2004, Pages 85-96.

[3] 《新加坡国际仲裁法案》第2条第1款和第12条第6款。

[4] 为促进紧急仲裁员程序的施行，香港立法会通过了《香港仲裁条例》修订案。修订案于2013年7月19日起生效。据此修订案，紧急仲裁员指令的紧急措施基本如同仲裁庭作出的指令和指示，可在香港强制执行。

为当事人担心因违反临时措施而导致仲裁庭在最终裁决时会对己方作出不利的推定或费用惩戒。在一些案件中，紧急仲裁员决定甚至能发挥促进当事人和解的作用。

（三）基本类型

《联合国国际贸易法委员会国际商事仲裁示范法》（以下简称《示范法》）第17条规定了四种临时措施，基本涵盖了临时措施的各种类型，具体包括："（a）在争议得以裁定之前维持现状或恢复原状；（b）采取行动防止目前或即将对仲裁程序发生的危害或损害，或不采取可能造成这种危害或损害的行动；（c）提供一种保全资产以执行后继裁决的手段；（d）保全对解决争议可能具有相关性和重要性的证据。"可见，国际商事仲裁中的临时措施通常包括以下四类：一是维持现状，如责令一方当事人继续履行相关合同，责令一方当事人停止向案外人转让仲裁所争议的标的物等；二是防止可能损害，如禁止一方当事人另行提起诉讼的禁诉令、禁止公开保密文件等；三是财产保全，如冻结一方当事人的海外银行账户、禁止一方当事人于仲裁程序期间转让其资产；四是证据保全，如保全可能毁损灭失的相关证据等。

《中华人民共和国仲裁法》（以下简称《仲裁法》）没有临时措施或紧急仲裁员制度的相关规定，但《中华人民共和国民事诉讼法》（以下简称《民事诉讼法》）规定了法院保全措施的制度：在诉讼或仲裁程序开始前或程序中，人民法院可以作出财产保全、证据保全和行为保全。在功能上，这三种法院保全措施与国际仲裁中的临时措施类似。实践中存在一种误区，将临时措施完全等同于《民事诉讼法》项下的保全措施，特别是将其等同于财产保全措施。事实上，国际仲裁中的临时措施类型更为广泛，当事人如能善用临时措施，甚至可以达到通过程序问题撬动实体胜利的可能。比如，在斯德哥尔摩商会仲裁院发布的一起紧急仲裁员程序案例中，案涉争议的当事人双方签署了特许经营协议，特许人拟解除合同，将特许经营权授予第三方。在仲裁程序进行中，被特许人提出一项维持现状的临时措施申请，要求特许人在仲裁庭作出裁决之前继续履行合同，允许其继续担任案涉电视媒体频道的专属转播商。该临时措施申请最后获得同意，特许人通过紧急仲裁员程序有效保护了其转播权，甚至可以说初步取得了案件的实体胜利。因此，了解不同形式的临时措施的适用场景，善用临时措施，不仅可以保证最终的胜诉裁决获得有效执行，也可以极大地影响案件的实体审理。

二、紧急仲裁员程序在中国的实践

（一）法律框架

1. 法律规定

当前，紧急仲裁员程序在中国内地有着不确定的法律地位。《民事诉讼法》与《仲裁法》都规定，如果当事方需要采取支持仲裁的临时救济措施的，须向中国法院申请。① 可见，中国立法对于临时措施的核准系采取单一模式，即仅认可由法院行使。对于紧急仲裁员程序，上述法律均没有提及。而且无论仲裁地是在中国内地或是境外的仲裁案件，内地法院都没有明确针对这一问题的判决先例。从中国代表团参加 2006 年版《示范法》修改中表达的观点，也可以看出当时中国官方对仲裁庭颁布临时措施是持否定态度的。②

尽管现行《民事诉讼法》与《仲裁法》尚不认可仲裁庭或紧急仲裁员作出的临时措施，但从近年来的发展趋势看，司法实务界已经看到仲裁庭或紧急仲裁员作出临时措施的重要制度意义和现实价值，并在一系列法律文件中积极推动该制度在中国的落地。比如，自 2023 年 12 月 1 日起施行的《上海市推进国际商事仲裁中心建设条例》第 21 条第 2 款规定："在仲裁程序进行期间，当事人也可以向仲裁庭申请采取前款所规定的措施，仲裁庭可以根据仲裁案件的情况提出意见后提交有管辖权的本市人民法院。人民法院依法进行审查后作出裁定，并依法执行。"

除此以外，司法部于 2021 年 7 月 30 日公布了《中华人民共和国仲裁法（修订）（征求意见稿）》（以下简称《仲裁法修订征求意见稿》）③，其中第 47 条规定，当事人可以向仲裁庭申请保全措施，仲裁庭应当及时作出决定；第 49 条规定，仲裁庭组成前，当事人需要指定紧急仲裁员采取临时措施的，可以依

---

① 参见《民事诉讼法》第 84 条、第 103 条、第 104 条和第 279 条，以及《仲裁法》第 28 条和第 46 条。

② 参见《关于临时措施和仲裁协议形式的草拟法律条款——来自成员国和国际组织的意见》，https://undocs.org/en/A/CN.9/609/Add.1，最后访问日期：2023 年 12 月 26 日。中方代表认为："中国法律并未赋予仲裁庭命令采取保全措施或者临时措施的权力，也未赋予仲裁庭签发初步命令的权力。就此而言，因此，目前的草案与中国民事诉讼法和仲裁法的有关条款存在冲突。"

③ 参见司法部官网，https://www.moj.gov.cn/pub/sfbgwapp/lfyjzjapp/202205/t20220511_454820.html，最后访问日期：2023 年 12 月 26 日。

照仲裁规则向仲裁机构申请指定紧急仲裁员。在司法部草拟的《关于〈中华人民共和国仲裁法（修订）（征求意见稿）〉的说明》中，进一步说明了此条修改的背景和目的，即"为快速推进仲裁程序，提高纠纷解决效率，体现司法对仲裁的支持态度，增强我国作为仲裁地的竞争力，将原有的仲裁保全内容与其他临时措施集中整合，增加行为保全和紧急仲裁员制度，明确仲裁庭有权决定临时措施，并统一规范临时措施的行使（第43条至第49条）"。可见，中国仲裁法在修改过程中，对于为仲裁庭和紧急仲裁员增设作出临时措施的权力均持积极态度。期待上述修订能够早日通过，结束紧急仲裁员程序在中国内地法律层面的不确定状态。

2. 仲裁规则

尽管现行《民事诉讼法》与《仲裁法》尚不认可仲裁庭或紧急仲裁员有权作出临时措施，但中国内地主流的仲裁机构几乎都已将紧急仲裁员程序写入仲裁规则[1]。

对于紧急仲裁员程序在中国法律下的不确定地位以及法律和仲裁规则层面的差异，一些评论也表达了潜在担忧[2]，"如被申请人在中国法院，根据法院拥有的与仲裁庭相竞争的司法管辖权，也许能够对紧急仲裁员的指定以及紧急仲裁员在以中国内地为仲裁地的仲裁案中授予紧急救济措施的管辖权提出异议而获得成功"。诚然，这种担忧有其现实基础。但中国内地仲裁机构在中国仲裁法尚未明确仲裁庭或紧急仲裁员有权采取临时措施的情况下，将该等制度写入仲裁规则也有其现实考量。

首先，正如有的评论所指出的，"从仲裁程序中当事人双方合意产生的那一刻起，裁决就腾空而起，消失在苍穹之中，落在那些寻求执行的地方"[3]。换言之，仲裁裁决虽然有国籍，但其不仅要面临仲裁地法院的审查，也要受

---

[1] 《中国国际经济贸易仲裁委员会仲裁规则》（2024年1月1日）第23条、第80条及附件三；《上海国际仲裁中心仲裁规则》（2024年1月1日）第22条至第28条、第80条；《深圳国际仲裁院仲裁规则》（2022年2月21日）第25条、第26条；《上海仲裁委员会仲裁规则》（2023年1月31日）第27条、第28条及附件二；《广州仲裁委员会仲裁规则》（2023年12月1日）第119条、第120条。

[2] 易杰明（Emmanuel Jacomy）、Edward Taylor、李宗耀：《中国内地紧急仲裁：即将掀开新篇章？》，英文版刊载于［2022年7月号］《亚洲争议评论》，第134—141页。

[3] Roy Goode, *The Role of the Lex Loci Arbitri in International Commercial Arbitration*, Arbitration International, 2000, Vol. 17, No. 1, p. 21.

到执行地法院的检验。裁决的效力不仅取决于仲裁地标准,更取决于执行地标准。在国际仲裁中,这种属人和属地的双重特性表现得更为显著。比如,实践中常会出现,同一份仲裁裁决在 A 国获得承认和执行,却在 B 国被拒绝承认和执行;有的仲裁裁决在仲裁地被撤销,但其效力却被另一执行地国认可并执行。正是因为仲裁裁决存在这种浮动(floating)的效力状态,即使仲裁地法律未明确认可紧急仲裁员有权采取临时措施,但若执行地的仲裁法律并不持否定态度,上述临时措施仍可以在境外获得承认和执行。这也是紧急仲裁员程序之所以能够在中国内地实践中广泛存在的法理基础之一。

其次,《示范法》第17H条规定,仲裁庭发出的临时措施应当被确认为具有约束力,并且除非仲裁庭另有规定,应当在遵从第17I条各项规定的前提下,经向有管辖权的法院提出申请后加以执行,无论该措施是在哪一国发出的。因此,《示范法》采用了针对仲裁庭临时措施的特别执行制度。在采用《示范法》的法域,其国内法院有义务执行仲裁庭作出的临时措施,无论该措施是在哪一国发出的。至于上述"仲裁庭"的范围是否及于"紧急仲裁员",则是另一个法律解释问题,也取决于不同国家的立法体例,在此不予赘述。这其实为中国内地紧急仲裁员作出的临时措施可以在域外执行提供了法律依据。换言之,在中国内地作出的紧急仲裁员决定,若执行地在采用《示范法》的法域,紧急仲裁员决定依旧可能在当地法院获得认可和执行。当然,此种可能性还受限于当地法院对于紧急仲裁员和仲裁庭作出的临时措施的效力是否做明确的区分。从实践看,北仲于2017年受理的中国内地首例紧急仲裁员程序案件,该案紧急仲裁员作出的临时措施最终在中国香港法院获得执行。此案例也印证了即使仲裁地的法律在紧急仲裁员采取临时措施的问题上保持沉默,该临时措施依旧可以在其他执行地获得承认和执行。

(二)实践现状

尽管紧急仲裁员制度已进入中国各主流仲裁机构的仲裁规则,但以中国内地为仲裁地的仲裁案中紧急仲裁员程序的数量依旧不多。2017年9月18日,北仲受理了中国内地首例紧急仲裁员程序案件。此后,中国国际经济贸易仲裁委员会[1]、上海仲裁委员会[2]等国内仲裁机构，又先后受理多起紧急仲裁员程序案件。笔者以所就职的北仲为例，就自2017年9月18日至2023年12月28日所受理的全部紧急仲裁员程序以及仲裁庭临时措施案件作出梳理，以期初步反映中国内地的临时措施实践概况。

1. 临时措施概况

仲裁庭作出 2
紧急仲裁员作出 5

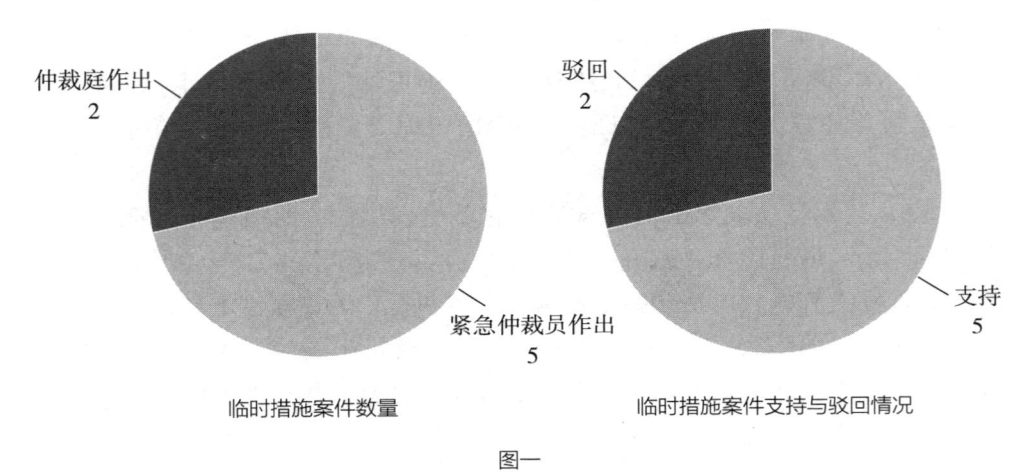

驳回 2
支持 5

临时措施案件数量　　　　临时措施案件支持与驳回情况

图一

图一显示，自2017年9月18日至2023年12月28日，北仲共受理7个临时措施申请案件，其中2个由仲裁庭处理，5个由紧急仲裁员处理。在7个临时措施申请案件中，有5个案件被支持或部分支持，2个案件被全部驳回。驳回的原因分别是基础管辖权存在严重的不确定性、临时措施申请缺乏紧急性和适度性。

需要说明的是，在5个被支持的临时措施案件中，也并非当事人提出的全部临时措施申请事项均被支持。图二显示，如按照临时措施的申请数量统计，在7个案件中，当事人共提出25项临时措施申请，其中10项被支持，15项

---

[1] 参见《中国国际经济贸易仲裁委员会2019年工作报告》，https://mp.weixin.qq.com/s/gYi8AxqUBH-lfsxy3I26kA，最后访问日期：2022年12月26日。根据该报告，中国国际贸易仲裁委员会于2019年作出了该机构的首例紧急仲裁员决定。

[2] 参见《上仲动态 | 上海仲裁委员会首例涉紧急仲裁员程序仲裁案件进入香港高等法院执行程序》，https://mp.weixin.qq.com/s/dh2UJ2nrn962aePKX7Lz-w，最后访问日期：2022年12月26日。根据该报告，上海仲裁委员于2019年9月作出了该机构的首例紧急仲裁员决定。

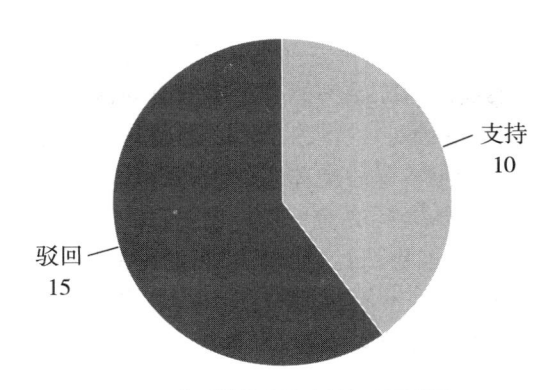

图二 临时措施申请支持与驳回数量

被驳回。驳回的原因包括但不限于临时措施不具有可行性、临时措施申请过于宽泛、临时措施针对案外第三人等。在前述25项临时措施申请事项中，仅有40%的事项获得支持，这与《ICC关于紧急仲裁员程序的报告》得出的结论相似[1]，其实只有少数的紧急仲裁员和临时措施申请获得了最终的救济。但这本身也许并不令人惊讶：临时救济的性质就决定了只有在特殊情况下，紧急救济才是合理的。

2. 临时措施类型

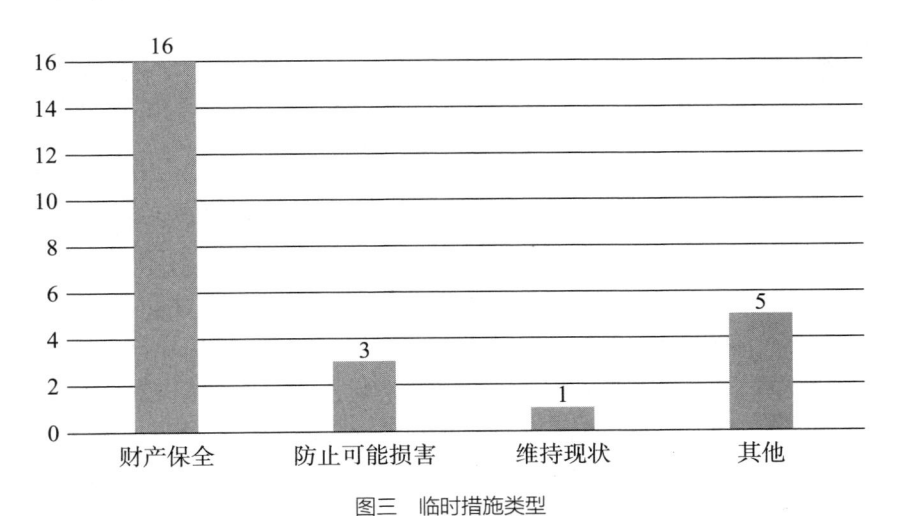

图三 临时措施类型

---

[1] 《ICC关于紧急仲裁员程序的报告》第4页第9段。

图三显示，就临时措施的类型而言，在前述25项临时措施申请事项中，16项属于财产保全，如冻结海外银行账户、禁止转让采矿权等；3项属于防止可能损害，如禁止相对方变更目标公司高管、禁止关联方的不当行为等；1项为维持现状；5项为其他类型，包括但不限于披露财产信息、向第三方披露决定内容、配合执行决定等。上述数据显示，财产保全是当事人最常使用的临时措施。可见，目前当事人申请临时措施的主要目的是防止相对人转移、处分财产等不当行为，以保障未来裁决的顺利执行。同时，结合临时措施被驳回的情况观察，很多非常规类型的临时措施或特别宽泛类型的临时措施，均不易得到仲裁庭或紧急仲裁员的支持。这也提醒当事人在提出临时措施时，要确保所提出的临时措施是明确、具体、可执行的。

3. 涉及地域

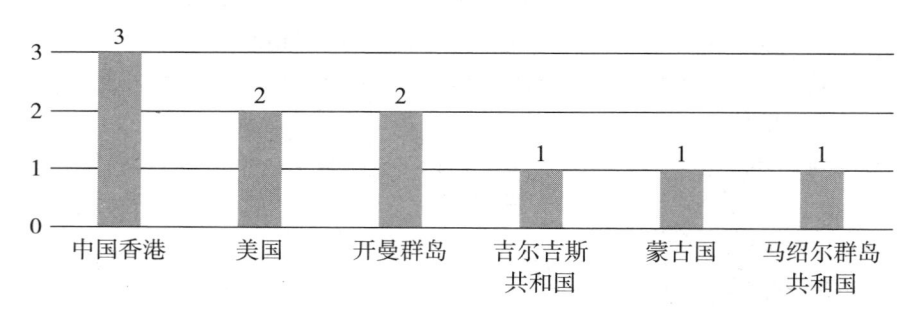

图四 临时措施涉及地域

图四显示，上述7个案件25项临时措施涉及的地域包括中国香港（3次）、美国（2次）、开曼群岛（2次）、吉尔吉斯共和国（1次）、蒙古国（1次）、马绍尔群岛共和国（1次）。临时措施会涉及上述国家或地区的主要的原因是相对方的财产所在地、案涉合同标的物所在地位于上述国家或地区。由于被核准的临时措施很可能需要在这些国家或地区执行，上述国家或地区对于仲裁庭或紧急仲裁员作出临时措施的立法和司法态度就显得尤为关键。而中国香港、美国对仲裁庭或紧急仲裁员作出临时措施的支持态度，可能也从另一方面解释了为什么当事人在争议事项涉及上述国家和地区的案件中更愿意提出临时措施申请。

4. 文书形式

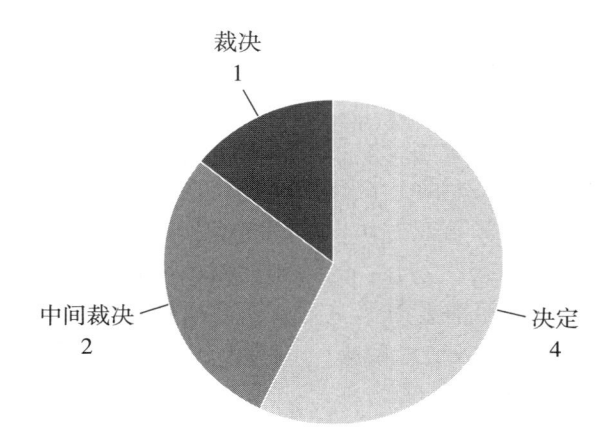

图五 临时措施文书形式

根据《北京仲裁委员会仲裁规则》第 62 条、第 63 条，仲裁庭作出的临时措施可以仲裁庭决定、中间裁决或者其他有关法律认可的其他方式作出；紧急仲裁员作出的临时措施可以相关决定、指令或裁决的形式作出。图五显示，在北仲受理的 7 个临时措施申请案件中，仲裁庭作出的 2 个临时措施决定均选择了中间裁决的形式；紧急仲裁员作出的 5 个临时措施决定中，4 个选择了紧急仲裁员决定书的形式，1 个选择了裁决的形式。

选择裁决形式作出紧急仲裁员决定的原因，系该案临时措施所涉及的标的物和财产位于 G 国，但 G 国法律并没有明确是否认可仲裁庭或紧急仲裁员作出的临时措施。根据该案当事人提供的法律专家意见，G 国系《纽约公约》缔约国，依据紧急仲裁员程序作出的仲裁裁决或中间裁决，在满足一定条件下可以在 G 国获得执行。因此，紧急仲裁员最终以裁决的形式作出了临时措施。

三、紧急仲裁员程序的现实挑战

紧急仲裁员程序在适用过程中，也存在一些制度和现实挑战，包括缺乏对案外人的约束力、无法获得单方救济、在执行方面的不确定性等。

（一）缺乏对案外人的约束力

有的研究评论[1]指出，当针对第三方寻求救济时，不宜使用紧急仲裁员程序，因为紧急仲裁员可能对争议中的第三方没有管辖权。在斯德哥尔摩仲裁院管理下的一起紧急仲裁员案件中，申请人请求颁布禁令，禁止被申请人和其他第三方实体采取某些行动。紧急仲裁员最终驳回了该申请，因为第三方不是仲裁协议当事人，其对第三方没有管辖权。事实上，绝大多数法域[2]均对仲裁庭或紧急仲裁员针对第三方作出的临时措施有所限制。紧急仲裁员可以要求仲裁当事人采取与第三方有关的措施，但不能批准直接需要第三方行为的临时措施。因此，如果需要对第三方作出具有约束力的命令，当事人向当地法院寻求补救仍然是更务实的做法。

（二）无法获得单方救济

按照是否通知相对方并听取相对方的意见来区分，临时措施包括单方临时措施和非单方临时措施两种。紧急仲裁员程序在大多数法域都被限定为非单方临时措施，其所面临的另一个现实挑战是只有在通知另一方后才能授予救济。但现实情况是，针对财产保全、证据保全等临时措施，一般均发生在一方当事人担心相对方知晓案件后会转移财产或毁灭证据的情况下，因此需要紧急救济。如果通知相对方，可能会加速相对方的不当行为。

在2006年版的《示范法》修订过程中，各方对是否要将临时措施设置为非单方临时措施存在过激烈讨论。[3]最后，《示范法》采取了折中方案，即对于仲裁庭作出的临时措施，仍为非单方临时措施；但《示范法》第17B条同时规定了无须经通知其他当事人而适用的"初步命令"，初步命令自命令下达之日起20天后失效，且仅对当事人有约束力，但不由法院执行。采用类似规定的法域仍为少数，有的评论者认为："这些条款是否具有实用性是令人怀疑的。第17C条规定单方命令不可执行，使得单方命令在大多数案件中不具有实际意义。多数机构规则明示或暗示排除了单方临时救济。"[4]

---

[1] David Bateson and Laura Feldman, *Emergency Arbitrator Procedures: Recent Trends and Guidance*, https://globalarbitrationreview.com/article/emergency-arbitrator-procedures-recent-trends-and-guidance.

[2] 如澳大利亚、加拿大等。

[3] Nigel Blackaby, Constantine Partasides, Alan Redfern, and Martin Hunter, *Redfern and Hunter on International Arbitration*, Oxford University Press 2023, Paragraph 5.32-5.33.

[4] ［美］加里·博恩：《国际仲裁：法律与实践》，白麟等译，商务印书馆2015年版，第281页。

因此，紧急仲裁员程序在大多数法域都被限定为非单方临时措施。在具体案件中，当事人需充分考虑到临时措施具有的非单方救济性质，适当选择和把握向紧急仲裁员寻求紧急救济，抑或向法院寻求紧急救济。

（三）在执行方面的不确定性

紧急仲裁员程序引发的另一个争议是紧急仲裁员作出的临时措施的可执行性。对于紧急仲裁员作出的临时措施，在理论上可以有不同的执行依据：一是关于执行仲裁裁决的一般法律规则；二是关于执行仲裁庭作出临时措施的一般仲裁立法；三是关于执行紧急仲裁员决定的专门仲裁立法。

首先，执行紧急仲裁员决定的第一种方法是依据关于执行仲裁裁决的一般法律规则。但紧急仲裁员作出的临时措施是否可以根据仲裁地法律或执行地法律认定为"裁决"，存在争议。一些评论认为，只有终局裁决才可以获得执行，而临时措施并不是终局裁决。也有一些评论认为，临时措施应如可执行的仲裁裁决一样，适用于仲裁裁决执行的基本规定；临时措施是终局的，因为其处理了仲裁裁决作出之前关于救济的请求。[1] 在司法实践中，这种分歧也广泛存在。如昆士兰最高法院在其作出的关于《纽约公约》项下临时措施可执行性的著名判决[2]中作出了如下认定："尽管中间命令在某种意义上对仲裁协议的当事人具有'约束力'……但是，一个中间命令可以被仲裁庭宣告不是'终局性'的，不约束当事方，因此可以被撤销、中止、变更或重启。……纽约公约不包括仲裁员作出的中间命令，而只包括最终处理当事人实体权利的裁决。"根据该判决中对终局性的解释，紧急仲裁员决定很显然并不符合裁决的强制执行条件。但如果对终局性要求作广义解释，一些法域也可能会认可以裁决形式作出的临时措施的效力。如美国纽约南区法院曾确认并执行了一名紧急仲裁员以裁决形式签发的临时措施，该判决认为"为强制执行之目的，由紧急仲裁员作出的救济是终局的"[3]。可见，不同法域对于紧急仲裁员作出的临时措施可否以裁决的形式获得执行还是存在一定分歧的。

其次，鉴于临时措施的可执行性存在不确定性，一些国家采用单独立法

---

[1] ［美］加里·博恩：《国际仲裁：法律与实践》，白麟等译，商务印书馆2015年版，第283页。

[2] Resort Condominiums Int'l Inc v Bolwell（Supreme Court of Queensland 1993）XX YB Comm Arb 628, 640（1995）.

[3] Yahoo! Inc v Microsoft Corporation（SDNY 2013）.

的形式，明确仲裁庭作出的临时措施是可以被法院强制执行的。比如，瑞士《联邦国际私法典》第183条第2款、《德国民事诉讼法》第1041条第2款均有类似规定。在此情况下，紧急仲裁员决定能否被强制执行将分两步来审查，第一步是判断执行地法律是否对于执行仲裁庭作出的临时措施有明确规定，第二步是能否将紧急仲裁员决定等同于仲裁庭发布的临时措施。就第二步审查而言，大多数观点均认为，紧急仲裁员也属于适格的仲裁员，其采取的临时措施应当同样适用为仲裁庭的临时措施所建立的强制执行机制。①

最后，紧急仲裁员发布的临时措施的强制执行还可以依据专门立法进行。在这一机制下，紧急仲裁员发布的临时措施将被强制执行，而不管其作出的形式如何。采用此种立法模式的有荷兰《民事诉讼法》第1043（b）条以及《新加坡国际仲裁法案》第2条第1款和第12条第6款。

诚然，在上述法律框架以外，临时措施的可执行性依旧存在不确定性。但也需要注意的是，紧急仲裁员采取的临时措施在很多情况下其实并不需要考虑执行问题。如前所述，实践中，当事人对紧急仲裁员决定的自愿遵守程度很高，很多临时措施都获得了当事人的自觉遵守。也并不是所有临时措施都需要相对方的积极履行或第三方的强制力来保障执行。有的临时措施是关于当事人的消极义务，仅需相对方的不作为。比如，禁止相对方披露保密文件。此时，临时措施仅需要相对方的消极遵守，不需要第三方的强制力来保障执行。因此，对于此类临时措施，也并不需要考虑执行问题。

四、紧急仲裁员程序及审查标准

（一）紧急仲裁员程序

1. 申请

（1）初步管辖权

紧急仲裁员程序的第一步是提交申请。该申请书须载有足以判断紧急仲裁员是否对该事项具有管辖权的必要信息，并说明所要求采取的临时措施。申请提出后，仲裁机构将对紧急仲裁员的管辖权进行初步评估，并根据仲裁协议，包括适用的仲裁规则以及仲裁地法，初步审查判断其对争议是否有管辖

---

① Fabio G. Santacroce, *The Emergency Arbitrator: A Full-Fledged Arbitrator Rendering an Enforceable Decision?* Arbitration International, Volume 31, Issue 2, June 2015, Pages 283-312.

权以及紧急仲裁员是否有权批准该临时措施。

需要进一步说明的是,此处的管辖权不仅包括仲裁机构或仲裁庭对案件的初步管辖权,也包括紧急仲裁员程序是否能够适用于特定案件、相关法律或仲裁规则是否给予紧急仲裁员作出临时措施的权力,甚至还可能涉及相关法律是否对当事人主张的临时措施存在要求或限制。比如,根据《国际商会仲裁院仲裁规则》第 29 条第 5 款和第 6 款,ICC 允许当事人排除紧急仲裁员程序的适用,紧急仲裁员程序引入 ICC 规则之前当事人已达成仲裁协议的案件不能自动适用该程序,条约仲裁案件也无法适用该程序。而根据《ICC 关于紧急仲裁员程序的报告》[1],其引述的 80 个紧急仲裁员程序案例中有 56 个案例均涉及管辖权或可受理性的争议,其中,21 个申请因上述原因被最终驳回。

(2)受理的审查程序

在提出紧急仲裁员程序申请时,有的仲裁规则还设置有受理的初步审查程序,即先决定可否初步受理紧急仲裁员程序申请,再由紧急仲裁员进行实质性的审查并决定是否核准临时措施。如《北京仲裁委员会仲裁规则》第 63 条第 1 款、ICC 仲裁规则附件 5 第 1 条第 5 款都设置有"两步走"的规定。而在前述介绍的 21 个因管辖权或可受理性问题被驳回的 ICC 案件中,有 3 个案件系在受理审查阶段,被直接拒绝受理。

在"两步走"的审查程序中,除各仲裁机构对紧急仲裁员程序可受理性的规则外,一些仲裁机构还可能要求申请人初步证明紧急性。如 ICC 认为[2],ICC 仲裁规则第 29 条规定的紧急救济"无法等到仲裁庭组成"既是紧急仲裁员程序的实体审查要件,也是可受理性的程序审查要件。

2. 紧急仲裁员程序

在紧急仲裁员程序组织中,紧急仲裁员享有较大的自由裁量权。如《北京仲裁委员会仲裁规则》第 63 条第 6 项规定,紧急仲裁员有权采取其认为适当的方式就当事人的临时措施申请进行审查,但应保证当事人有合理陈述的机会。紧急仲裁员程序,更像一个极限版的快速仲裁程序,虽然也要经历申请、

---

[1] ICC 于 2012 年 1 月 1 日正式将紧急仲裁员程序纳入其仲裁规则。截止到 2018 年 4 月 30 日,ICC 累计受理 80 份紧急仲裁员程序申请,见《ICC 关于紧急仲裁员程序的报告》第 4 页第 9 段。

[2] 《ICC 关于紧急仲裁员程序的报告》第 5 页第 18 段。

交费、受理、送达、指定紧急仲裁员、仲裁员信息披露、发布程序令、提交书面文件和证据、庭审以及作出最终决定等各个阶段,但每个程序的时间更加紧凑,可以采用的审理方式也更加灵活,如可采取电子送达方式送达相关文件,可用视频会议或者电话会议的方式进行开庭等。

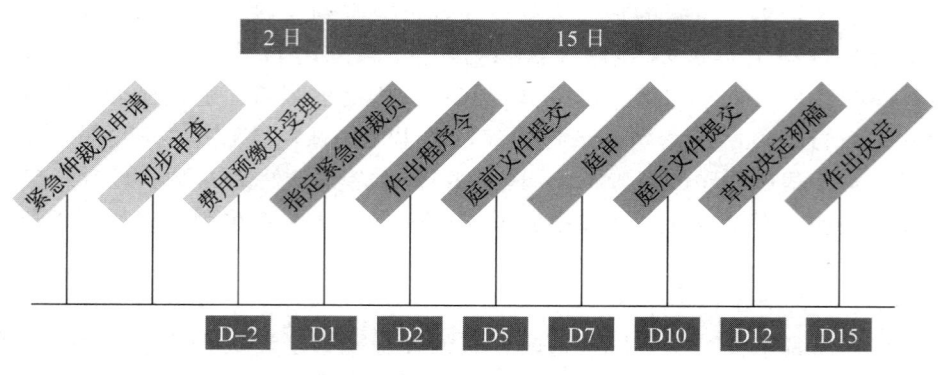

图六 紧急仲裁员程序审理时间表

北仲曾于 2021 年 8 月 25 日制定并发布《紧急仲裁员决定自查清单》,其中附件 1 列举了紧急仲裁员程序审理时间表(见图六),以供紧急仲裁员在组织程序时参考。该审理时间表系以仲裁员为视角的程序安排,其中 D1(DAY 1)为基准日,即指定紧急仲裁员的当日;D-2 即指定紧急仲裁员的前 2 日,北仲应在当事人完成交费的 2 日内指定紧急仲裁员;D15 即指定仲裁员的第 15 日,紧急仲裁员最迟应于该日作出紧急仲裁员决定。D1 到 D15 之间则涵盖紧急仲裁员可能的各项程序安排,可资借鉴。

3. 紧急仲裁员决定

关于决定时间,由于临时措施的紧迫性,紧急仲裁员决定必须在短时间内作出。例如,根据 LCIA 仲裁规则[①]、SIAC 仲裁规则[②],紧急仲裁员决定应在紧急仲裁员被指定后的 14 天内作出。根据 ICC 仲裁规则[③]和 HKIAC 仲裁规则,紧急仲裁员决定应在文件移交紧急仲裁员之日起的 15 天内作出。

---

① LCIA 仲裁规则第 9.8 条。
② SIAC 仲裁规则之附则 1 第 9 条。
③ ICC 仲裁规则之附件 5 第 6 条第 4 款。
  HKIAC 仲裁规则之附录 4 第 7 条。

关于决定的形式，紧急仲裁员核准的临时措施，一般可以决定、命令或裁决等形式作出。① 但也有的仲裁规则并没有给予紧急仲裁员在决定形式上的选择权，如 ICC 仲裁规则规定紧急仲裁员的决定仅能以命令（order）作出。② 形式的选择可能在一定程度上会影响紧急仲裁员的程序推进以及后续执行。比如，ICC 的内部核阅程序仅限于裁决（award），因此，以命令（order）形式作出的紧急仲裁员决定原则上是不需要进行核阅的。有的紧急仲裁员希望以裁决的形式作出紧急仲裁员决定，从而赋予其在《纽约公约》项下的执行力。但如前所述，紧急仲裁员以裁决形式作出的临时措施可否依据《纽约公约》执行，在实践中存在一定争议。一些法域认为，紧急仲裁员作出的裁决不具有终局性，其仍可以被修改或撤销，因此，不属于《纽约公约》项下的裁决。

不管紧急仲裁员的决定以何种形式作出，各仲裁规则均无一例外的规定，紧急仲裁员应在作出决定时说明理由。此外，紧急仲裁员对于案件实体问题的分析和认定，都对嗣后组成的仲裁庭没有约束力。嗣后组成的仲裁庭可以修改、中止或撤销紧急仲裁员作出的相关决定。

（二）审查标准

仲裁规则一般不会明确紧急仲裁员批准临时措施时应遵循的审查标准和法律要件，而是赋予紧急仲裁员以充分的自由裁量权，由紧急仲裁员根据案件具体情况决定。本文将结合《示范法》以及国际商事仲裁的最佳实践，提出一些普适性的审查标准，以资参考。

1. 紧急性

紧急仲裁员程序的申请人须证明紧急状态的存在。紧急性有两个维度：一是时间上的紧迫性；二是程度上的紧急性。时间上的紧迫性系指，临时措施的救济具有时间上的紧迫性，以至于不能等待仲裁庭组成后再处理临时措施申请。紧急仲裁程序的制度设计就是适用于相关损害非常紧迫，以至于等待仲裁庭组成后采取临时措施将使该救济失去意义的情形。这也是紧急仲裁员临时措施与仲裁庭临时措施的最大区别。

程度上的紧急性是指如果不批准当事人的临时措施申请，将使一方受到

---

① HKIAC 仲裁规则之附录 4 第 12 条、《北京仲裁委员会仲裁规则》第 63 条第 7 款。
② ICC 规则之附件 5 第 6 条第 1 款。

不可弥补的损害。在评估程度上的紧急性，可作如下考虑：（1）如不采取临时措施，是否可能对申请人造成不可弥补的损害，此种损害的发生是否具有合理可能性以及紧迫性；（2）如很有可能发生某种损害，此种损害是否可以通过金钱赔偿的方式予以充分弥补。如果损害的发生具有现实性，且造成的损害很难用金钱的方式予以弥补，或导致申请人的潜在胜诉仲裁裁决在未来无法获得执行，则此种情形具有程度上的紧急性。

在北仲受理的 EAP06[①] 紧急仲裁员程序案件中，申请人提出临时措施要求限制被申请人处分资产，紧急仲裁员认为，对临时措施的紧急性进行审查的核心在于判断债务人是否已经存在或即将出现缺乏清偿能力的合理可能，从而导致潜在的仲裁裁决在未来无法获得执行。在该案中，被申请人提供的年报显示，其净资产远超其在本案合同项下对申请人的欠款数额。申请人未能初步证明被申请人已经或即将缺乏清偿能力而导致潜在仲裁裁决在未来无法获得执行，也未能初步证明如果不采取该项临时措施可能使申请人的合法权益遭到难以弥补的损害。紧急仲裁员进一步指出，仲裁规则赋予当事人提起紧急仲裁员程序的权利系因当事人需要获得临时措施的救济存在明显的时间上的紧迫性，紧急仲裁员程序使得当事人在急需临时措施救济而不能等待仲裁庭组成的情况下可以申请紧急性的临时措施。但在该案中，结合申请人提交的材料，紧急仲裁员未能发现此种时间上的紧迫性。相反，申请人所主张的各项临时措施更多是基于预防性的债权实现的考量，而不具有诸如被申请人已经开始转移财产或具有众多待清偿债务等现实性和紧迫性的具体事由，故对于该项临时措施申请不予支持。

2. 正当性

正当性，又称胜诉可能性。紧急仲裁员需要依据表面证据判断，申请人的实体仲裁请求是否具有合理的胜诉可能。紧急仲裁员在审查正当性时，通常会使用比最终裁决实体审理低一些的门槛，即认定案件在表面证据上成立即可。在评估正当性时，可以着重关注：申请人的仲裁请求从表面上看是否存在明显无合同和法律依据的情形；如果申请人的仲裁请求具有一定的合同和法律依据，这些依据即便存在一定争议，但也能满足"合理的胜诉可能性"判断标准。

---

① 该案件编号并非真实案件编号，仅为本文在写作时便于区分不同案件而使用，下同。

3. 适度性

仲裁员也经常会探究如何平衡因采取临时措施（或拒绝准予采取临时措施）而给当事人造成的困难。适度性是关于临时措施是否适当、适度。在评估适度性时，需着重考察：采取临时措施可能对被申请人造成的损害较之于不采取临时措施可能给申请人带来的损害是否更为严重；当事人在经济方面的相对地位，如果批准临时措施，一方当事人的日常经营是否会因此陷入实质上的窘困状态或严重的经济困难；除了申请人所申请的临时措施以外，是否存在其他可能给被申请人带来更小损害的合理替代方法；是否核准申请人的部分临时措施申请就足以避免其可能遭受的损害，如何将临时措施对被申请人可能造成的损害控制在申请人合理的胜诉可能性范围之内。

在北仲受理的 EAP03 紧急仲裁员案件中，申请人申请禁止被申请人转让其与某国某部门签署的《产品分成协议》项下的采矿权和获得石油份额的权利。紧急仲裁员认为，考虑到申请人仲裁请求金额与采矿权和获取石油份额权利的价值不具相当性，为避免支持本项请求后给被申请人的本业生产经营产生不必要的重大影响，或给被申请人带来过度的、不合理的义务，故紧急仲裁员仅在与本案仲裁标的相等的范围内支持本项临时措施。最终，紧急仲裁员作出决定，被申请人被实际冻结的金额与被实际禁止权利转让所对应的金额之和不应超过申请人在仲裁申请书中索赔的金额。这也是适度性原则在具体案件中的应用。

4. 可执行性

广义上的临时措施的可执行性既包括法律上的可执行性，又包括事实上的可操作性。法律上的可执行性是指临时措施的执行地是否认可紧急仲裁员作出的临时措施以及是否对具体类型有所限制。事实上的可操作性是指临时措施本身是否明确、具体、有可操作性，是否能够获得实施和履行。

在一些案件中，临时措施还涉及案外第三方。一般而言，紧急仲裁员可以要求仲裁当事人采取与第三方有关的措施，如禁止被申请人在仲裁期间处置其所持有的目标公司的股权，但紧急仲裁员不能批准直接需要第三方行为的临时措施。在北仲受理的 EAP02 号案中，申请人提出一项临时措施，要求被申请人控股的目标公司的子公司禁止更换执行董事和执行经理。仲裁庭最终认定，被申请人是通过目标公司间接控制该子公司。子公司是否更换执行董事、执行经理，需要其股权所有者，即目标公司来决定。鉴于目标公司并非本案当事人，仲裁庭无权针对案外人作出临时措施，故对于该项临时措施申请不予支持。

5. 有无担保

为避免错误核准临时措施而给对方造成难以弥补的损害，紧急仲裁员有权要求申请人提供适当的担保措施。紧急仲裁员在决定是否要求申请人提供担保措施以及提供何种担保措施时，可考虑以下因素：申请方提供担保措施的能力；临时措施可能获得支持的范围以及程度；相对方为执行临时措施可能支出的实际费用；如果临时措施在之后被认为不必要或不适当，相对方可能遭受的潜在损害。

紧急仲裁员如要求当事人提供担保，还应考虑适当的担保措施。银行保函、保险公司的保单及担保公司担保都是较为常见的担保形式。但紧急仲裁员一般不会接受现金、实物以及不动产抵押等担保措施。

需要说明的是，是否提供担保一般不会构成准予采取临时措施的前提条件。但若申请方能够提供担保，紧急仲裁员在评估采取临时措施是否会给相对方带来难以弥补的损害以及临时措施是否适度时，将更有可能作出对申请方有利的判断。同时，紧急仲裁员也会视案件情况直接要求当事人提供担保。在北仲受理的 EAP07 紧急仲裁员案件中，紧急仲裁员认为，申请人提供担保措施是必要的，但要求当事人在短期内提供有效的担保确实存在现实困难。而仅仅因此驳回当事人申请，显然无法充分发挥紧急仲裁员程序的作用。在此情况下，紧急仲裁员作出了附生效条件的决定，即支持申请人的临时措施，但是明确该等决定以申请人在规定的时间内提交足额担保为生效条件。

五、总结

总体而言，紧急仲裁员制度在国际仲裁的实践中具有重要的制度价值和现实意义。虽然紧急仲裁员制度存在缺乏对案外人的约束、无法获得单方救济等制度层面的挑战，但这也是由紧急仲裁员程序特性所决定的。当事人应当根据仲裁临时措施和法院保全的各自特性，因案制宜地选择维护权益的最佳方式。但也应当看到，我国法律尚未认可仲裁庭或紧急仲裁员有权作出临时措施，临时措施制度在实践层面的先行先试，仍依赖于执行地标准在域外获得认可和执行。临时措施在中国内地的实践也并不丰富，在未来还有着广阔的发展和进步空间。我们期待《仲裁法修订征求意见稿》能够早日通过，结束紧急仲裁员程序在法律层面的不确定状态。仲裁从业者也需要不断丰富总结经验，提升紧急仲裁员的专业水平，完善临时措施的实体审查标准，促使紧急仲裁员制度能够更好地适应日趋多元、复杂的国际争议解决需要。

征稿启事

《北京仲裁》由北京仲裁委员会/北京国际仲裁中心主办，主要刊登中外仲裁、调解、工程评审等与多元化纠纷解决机制相关的民商事理论性、实践性的论文或者介绍性文章以及符合前述范围的翻译文章。本出版物每年出版四辑，下设"主题研讨""专论""仲裁讲坛""比较研究""ADR专栏""案例评析""办案札记"等栏目。

编辑部热诚欢迎广大读者投稿，投稿前请仔细阅读以下注意事项：

1. 来稿应符合本出版物网站（www.bjac.org.cn/magazine/）的投稿要求及注释体例，并按要求写明作者信息、中英文题目、内容摘要、关键词等信息。

2. 来稿应严格遵守学术规范，如出现抄袭、剽窃等侵犯知识产权的情况，由作者自负责任。

3. 为扩大本出版物及作者信息交流渠道，本出版物已经委托博看网数字发行，并已被CNKI中国期刊全文数据库收录。凡向本出版物投稿的稿件，即视作作者同意独家授权出版其作品，包括但不限于纸质图书出版权、电子版信息网络传播权、无线增值业务权等权利，授予本出版物授予合作单位再使用、授予相关数据库收录之权利，作者前述相关的著作权使用费将由编辑部在稿酬内一次性给付。若作者不同意前述授权的，请在来稿时书面声明，以便做适当处理；作者未书面声明的，视为同意编辑部的前述安排。

4. 投稿方式：请采用电子版形式，发送至电子邮箱bjzhongcai@bjac.org.cn。如在两个月内未发出用稿或备用通知，请作者自行处理。

5. 所有来稿一经采用，即奉稿酬（400元/千字，特约稿件500元/千字）。

《北京仲裁》编辑部

图书在版编目（CIP）数据

北京仲裁 . 第126辑 / 北京仲裁委员会（北京国际仲裁中心）组编 . —北京：中国法制出版社，2024.5

ISBN 978-7-5216-4518-7

Ⅰ.①北… Ⅱ.①北… Ⅲ.①仲裁—司法监督—中国—文集 Ⅳ.① D925.7-53

中国国家版本馆 CIP 数据核字（2024）第 097262 号

责任编辑：侯　鹏　　　　　　　　　　　　　　封面设计：李　宁

北京仲裁（第126辑）
BEIJING ZHONGCAI（DI-126 JI）

组编 / 北京仲裁委员会（北京国际仲裁中心）
经销 / 新华书店
印刷 / 三河市国英印务有限公司
开本 / 787 毫米 ×960 毫米　16 开　　　　　　印张 / 7　字数 / 115 千
版次 / 2024 年 5 月第 1 版　　　　　　　　　　2024 年 5 月第 1 次印刷

中国法制出版社出版
书号 ISBN 978-7-5216-4518-7　　　　　　　　定价：39.00 元

北京市西城区西便门西里甲 16 号西便门办公区
邮政编码：100053　　　　　　　　　　　　　传真：010-63141600
网址：http://www.zgfzs.com　　　　　　　　编辑部电话：010-63141826
市场营销部电话：010-63141612　　　　　　　印务部电话：010-63141606
（如有印装质量问题，请与本社印务部联系。）